目　录

第三帝国

铁拳

美国时代生活编辑部 / 编

刘晓丽　肖　欢 / 译

修订本

海南出版社

· 海口 ·

致读者

首先应当承认，本书的策划并非出自我本人的想法。

事实上，当一小批时代生活图书公司的编辑和作者开始极力主张推出这样一个系列的时候，我的第一反应是："有关第三帝国的话题难道还能有什么新意吗？"

可是，当前往柏林、华盛顿和莫斯科的采访人员逐步发回他们的稿件——私人珍藏的回忆录和相册堆满了我的办公桌——目击者的记录和官方秘藏的文件被一一发掘出来之后，我觉得我的疑问已经找到了最好的答案。

我们正在接近一项重大的成果：对纳粹统治下的德国的一个全新的认识——从第三帝国的内部来解剖它。

本系列共有 21 本。每一本都向您展示了第一手的私人记录、从未发表过的照片、亲历者的回忆录和新解密的官方档案。它们恰如一幅徐徐展开的巨型画卷，将您带回那腥风血雨的黑暗时代，让您仿佛置身于喧嚣狂热的柏林、遍地瓦砾的华沙、燃烧的斯大林格勒、沙尘滚滚的北非，恍如走进了令人不寒而栗的集中营、党卫队的秘密会议室、希特勒的办公室、他的书房和卧室，甚至把握到他的思想动态。每一本都有一个中心主题，整个系列连起来则构成了迄今为止最完整、最细致的"第三帝国史"。

这就是我们所做的工作，让真实的历史说话。

时代生活编辑部主编乔·沃尔

解除德国发动
战争的能力

1920年，工人在拆卸位于北海赫尔果兰岛上的德国海岸炮，执行《凡尔赛和约》的规定。然而，在进行裁军的同时，德国军方和工业界却想方设法回避和约，保留德国的军事力量。

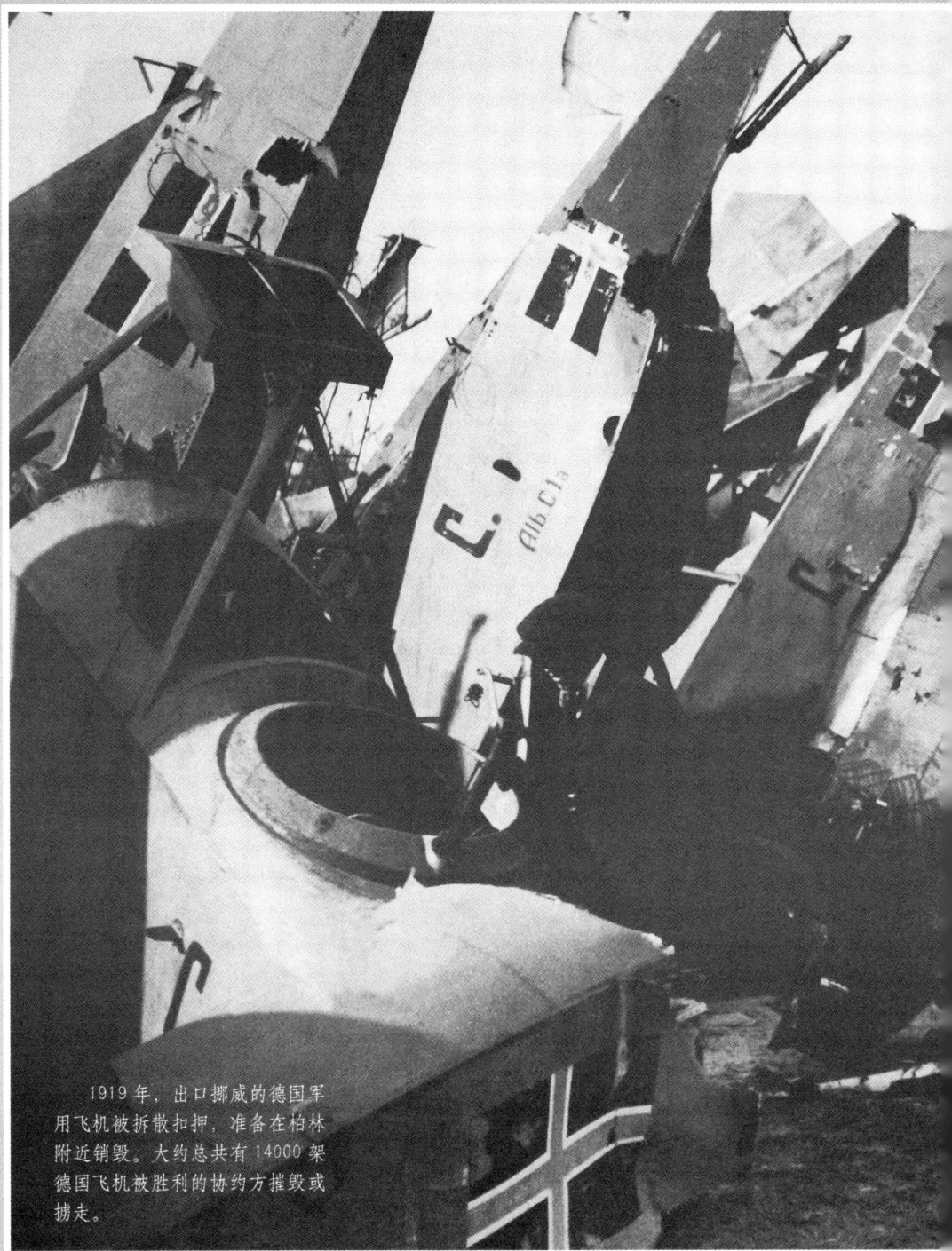

1919年，出口挪威的德国军用飞机被拆散扣押，准备在柏林附近销毁。大约总共有14000架德国飞机被胜利的协约方摧毁或掳走。

埃森市克虏伯工厂的铣床被拆成各种零件，监察员将其一一编号，记录在案。这里生产的大炮曾把德国推到了第一次世界大战胜利的门槛。战后，克虏伯工厂被协约方销毁的机器有6万吨之多，而厂里的工程师仍在秘密设计新一代武器。

1925 年，克虏伯工厂废弃的炮管堆积如山，等待熔炼。一年后，裁军方案的协约方监察员撤离埃森。用克虏伯工厂负责人的话来说，这一举动使德国有喘息之机准备新武器，"一经命令，即可大批量生产"。

1. 军国主义的悄然复兴

6月的这一天，天气热得反常。柏林大街上行进着一列列德国士兵和飞行员，他们的穿着显然不适合这场 3 小时的游行。在刚刚结束的战斗中，他们穿着热带卡其布军装，佩戴西班牙勋章，那当然是为了掩饰真实身份。然而穿着它从西班牙内战的战场上胜利归来恐怕不大合适，因此政府临时用厚厚的棕色羊毛呢给他们赶做了制服。此刻，英雄们 9 人一排，一列列地走在宽阔的林登大道上。他们浑身出汗，又奇痒难忍，难免在心里咒骂几句。然而，这点不适算不了什么。游行队伍经过检阅台时，队伍中依然涌动着自豪感和爱国主义激情。他们高呼："我们的敌人是红色政权，全世界的布尔什维克分子。"

当每一排经过检阅台时，一声令下，全排的人头都刷地右转，向两位身着军服的人致敬。其中一位是他们的长官沃弗兰姆·冯·里希特霍芬上校，一战的传奇人物"红色伯爵"曼弗雷德·冯·里希特霍芬的表兄，旁边是另一位一战老兵，昔日的下士阿道夫·希特勒。

1939 年 6 月 6 日，天气炎热，元首和成千上万的柏林市民一道欢迎纳粹德国第一批从战场归来的战士——鼎鼎大名的"秃鹰军团"。这些飞行员、机械师、

1926 年，柏林一家杂志的封面漫画表达了德国人对《凡尔赛和约》的愤慨。协约国被画作墓碑，从标有"真相在这里"的坟墓中伸出一双手，奋力把墓碑推倒。碑顶是法、日、意、英、美五国的漫画像。

炮手、坦克兵，总共 14000 人，他们帮助佛朗西斯科·佛朗哥的民族主义阵线打赢了西班牙内战。

然而，这场游行的意义要比战胜西班牙共和政府和他们的共产党联盟重大得多。因为这场游行更是为了庆祝德国重新具备发动战争的能力。20 年前，战败的德国军队士气低落，被苛刻的和平条约削弱得七零八落。如今，经过 3 年西班牙战场的考验，帝国重建的战争机器已经准备就绪。两个多月后，希特勒对邻国波兰动武，点燃了第二次世界大战的战火。

德国像不死鸟一样从一战的灰烬中复兴震惊了世界，这验证了英国历史学家约翰·惠勒-贝内特说过的德国"具有铸犁为剑的非凡能力"。在很大程度上，检阅台上那个人的疯狂意志和偏执观念促成了这场复兴。但希特勒的贡献仅仅是其中的一部分，早在他和他的国家社会主义工人党上台之前，德国就开始了重整军备的进程。

西班牙战场上那些行之有效的枪炮、坦克、飞机和战术指挥，其渊源可以追溯到始于 20 世纪 20 年代的重整军备计划。计划的倡导者不是激进分子，而是老派的爱国人士，他们得到了各届民选的自由政府的财力支持。这些政府首脑无视重整军备计划在很大程度上违背了德国应履行的条约义务。

德国军事力量的复兴者们不得不克服政局不稳、经济混乱等国内问题，但他们面对的最大障碍是标志一战正式结束的《凡尔赛和约》中解除武装的条款。胜利的协约国企图通过条约彻头彻尾地惩罚德国，把它削弱为一个二流国家。它们提出了巨额的赔款要求和其他制裁条款，同时还夺走德国在非洲和太平洋的殖民地，迫使它割让本国领土给法国、比利时和波兰。然而这项多达440条、长约75000字和约的最重要部分还是关于解除武装。

和约的制定者企图永远削弱德国可怕的军事力量。他们摧毁或拆除德国的大部分武器和武器生产设施；尤其禁止德国拥有战争中出现的4种新武器——飞机、坦克、潜水艇和毒气——并有步骤地削弱它的武装部队。例如，和约规定德国必须上交或拆毁其拥有的1.4万架军用飞机；海军减少到只具有象征意义的、不足1.5万人的规模，其装备是36艘战前的战列舰、轻型巡洋舰、驱逐舰和鱼雷艇。此外，大部分商船也作为赔款被没收。

然而，最严厉的打击落在了具有深厚的普鲁士军事传统的骄傲的旧陆军身上。战前德国陆军人数达200万，至1920年初——期限后来延长一年——陆军规模骤然降至10万。入伍必须自愿；普遍兵役制被废除。同时，为了防止德国拥有受过训练的后备军，军人的服役期特别长（军官25年，其他人12年）。赫赫有名的总参谋部被永久解散。为防止年轻人滋生军国主义思想，德国取缔了军事院校。条约还规定，禁止使用坦克、重炮和毒气，只有在控制骚乱时，警方才能动用装甲车。对机关枪、步枪等轻武器和弹药量的限制也规定得细致入微。

协约国军备控制委员会监督德国对条约的执行。委员会的监察小组分管工业和各军种——陆军和海军的执行情况。监察员由起草和约的英、法、意、比、日5国军人组成。（以总统伍德罗·威尔逊为首的美国代表团参加了凡尔赛和会，但和约在参议院未获通过，因此监察委员会没有美国人。"这不是和平条约，"美国代表团的一名成员富有远见地说，"里面至少孕育了11场战争。"）

《凡尔赛和约》的内容在1919年5月7日公布了，其苛刻程度震惊了德国人民。他们义愤填膺，有一种被出卖的感觉。首先，许多德国人拒绝为发动战争承担集体罪责；他们认为是法、俄的政策引发了战争。而且，他们曾希望战争后期剧烈的政治变革——废除德皇威廉二世独裁统治，实行议会民主制——会缓和条约的制裁程度。德国市民冲上街头抗议，指责凡尔赛出笼的东西是"暴力条约"。海军军官愤怒地凿沉大部分舰只，不让协约国根据条约把它们没收。

德国社会党总统弗雷德里希·埃伯特指出和约是"不能实现和不能负担的"，但他的政府别无选择。协约国的海上封锁使国家物资日渐枯竭，如果拒签，德国将面临驻扎在莱茵河边英法美重兵的入侵。在协约国规定的最后期限来临前19分钟，德国政府屈服了。1919年6月28日，德国正式签订了它痛恨的和约。

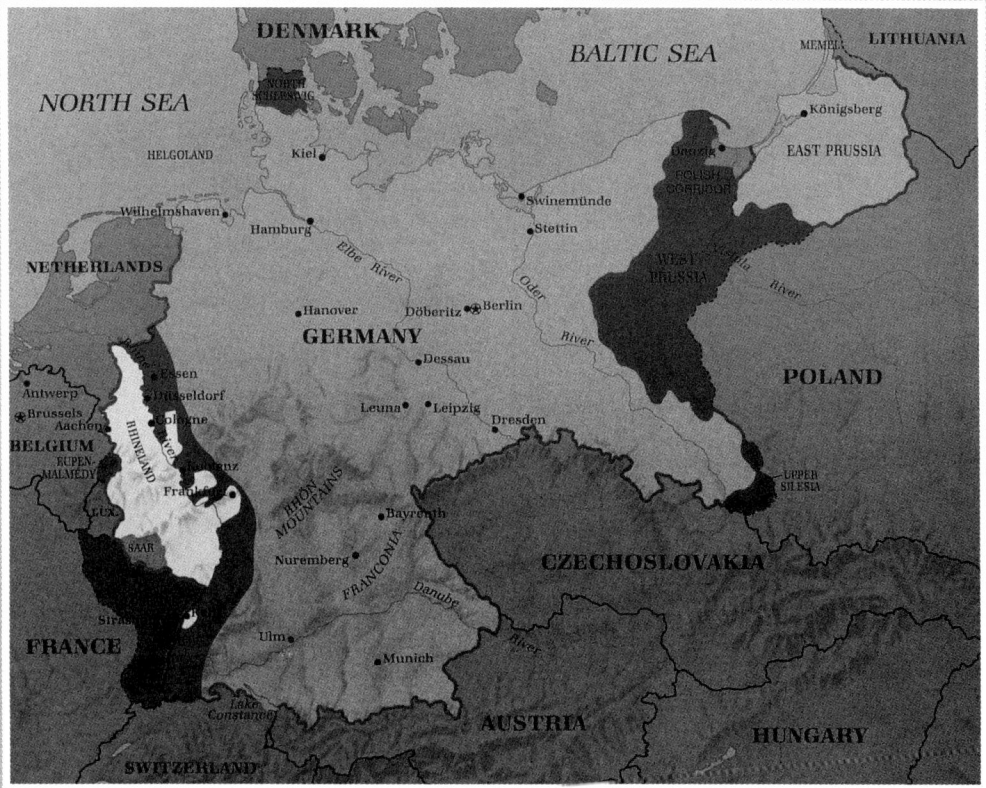

DENMARK

NORTH SEA

BALTIC SEA

MEMEL

LITHUANIA

NORTH
SCHLESWIG

Königsberg

HELGOLAND

Kiel

Danzig

EAST PRUSSIA

Wilhelmshaven

Hamburg

Swinemünde

POLISH
CORRIDOR

NETHERLANDS

Elbe River

Stettin

WEST
PRUSSIA

Oder

River

Hanover

Döberitz

Berlin

GERMANY

River

POLAND

Antwerp

Essen

Dessau

Düsseldorf

Leuna

Leipzig

Brussels

Cologne

Dresden

UPPER
SILESIA

Aachen

RHINELAND

BELGIUM

EUPEN-
MALMÉDY

Mainz

LUX.

Frankfurt

RHÖN
MOUNTAINS

Bayreuth

CZECHOSLOVAKIA

SAAR

Nuremberg

FRANCONIA

Strasb

Danube

FRANCE

Ulm

River

Munich

Lake
Constance

AUSTRIA

HUNGARY

SWITZERLAND

《凡尔赛和约》改变了德国的版图，上图显示的是 1922 年的地图。德国在 1871 年夺取的阿尔萨斯-洛林回到了法国的统治之下，东部一片相当大的地区还给了波兰，石勒苏益格州的一部分割让给丹麦。其他一些先前由德国控制的地区或者被协约国部队临时占领，或者由新成立的国际联盟委托管理。协约国军队一旦撤出莱茵兰，该地区将保持非军事状态，也就是说，德国人被禁止在此修筑工事或驻扎部队。

誓不投降
的舰队

　　结束一战的停战协议签订10天后，1918年11月21日，370艘英国舰船押送德国公海舰队横穿北海。德国舰队在苏格兰的斯卡铂湾被扣押了7个月，直到《凡尔赛和约》出台。和约宣布，德国舰船——总共大约70艘——将由协约国海军瓜分。

　　对于被扣留在斯卡铂湾的德国最高军事长官路德维格·冯·路特海军中将而言，把舰队拱手让给先前的敌国是无法忍受的。不这样做又无计可施。然而，1919年7月，英方把他的大部分属下遣送回国。他看出留下的少数官兵可以快速弃船而逃，便抓住机会，做出了不得已而为之的决策。6月17日，他向各舰长下达秘密命令，要求他们准备沉船逃跑，船员们一切就绪，随时开打通海阀。

　　6月21日，他下达命令："沉船！"几分钟后，船只开始沉没。英国人大吃一惊，在斯卡铂湾乱作一团，企图抢救一些掳来的舰船。他们救出了23艘，包括本图左侧所示的G102号驱逐舰，它的一侧被拖船的绳索拉住，但其余三分之二的德国舰船均沉入海底。

　　政府的退让使军内外右翼民族主义者狂热地坚信民间流行的一种说法：德军不是在战场中战败的，而是背后中了推翻皇室、批准条约的革命政府的暗箭。哪个政客或政府同和约一沾边就遗臭万年。这种观点影响至深，最终导致了一场军事政变。1920 年 3 月，反动分子沃尔特·冯·路特维茨将军率部在柏林成立政府，让一个在纽约出生、不起眼的文官，前农业部官员沃尔夫冈·卡普担任总理。其他将军迟疑不决，不愿站在自己部队士兵的对立面，但一场全国范围的大罢工不到 5 天就把这些暴发户扫出政坛。

　　要求重新武装的愿望愈加强烈了，受其影响的不仅是激进的民族主义者。和约把武装部队削弱到几乎无法维持国内安全的地步，当然也就更无力保卫德国的边境。许多德国领导人是出于纯粹的爱国主义和对外军入侵的担忧，一些人是受利益驱动或国际影响。无论持什么动机，形形色色的职业军官、政客和大工业家聚合在争取军事自由的伟大事业前。为了达到目的，他们准备违反《凡尔赛和约》。

　　汉斯·冯·塞克特少将下面这段话道出了许多人的心声，"任何和平条约、任何敌人不能从我们身上夺走的东西是：坚强的信念。当命运再次召唤德国人民武装起来时——这一天终将到来——它将看到勇士而非懦夫紧紧握住可靠的武器。只要有钢铁般的双手和意志，使用什么武器都无所谓。"

塞克特写下上述铿锵之语后不到一年，便接受一项棘手的任务，铸造那些"钢铁般的双手和意志"。1920 年 6 月，卡普政变发生 3 个月后，他被任命为陆军总司令，统率 10 万新陆军。他的部队就是著名的国防军，尽管"国防军"这个字在德文中不仅包括陆军，还包括海军，但海军有自己的领导。

54 岁的塞克特正直壮年，是现代普鲁士将军的典范。他身材瘦削笔挺，左眼夹一只单片眼镜，无论是个人背景还是外貌都体现了典型的德国军事传统。他父亲是一名将军。1885 年，他加入父亲所在的亚历山大皇帝卫兵团，效力于旧帝国陆军。一战时，作为总参谋部军官，在 1915 年组织德军在东线的格利斯突破俄军防线，战功卓著，因此获得最高军事奖章 Pour de Merite（"普鲁士勋章"，1740 年奖章设立时，普鲁士的宫廷语言是法语）。

塞克特平时沉默不语，难以捉摸，偶然开口，则出言简洁，语调讥讽，因而有"斯芬克司"之称。但这个作风严谨、不苟言笑的普鲁士人不只具备他所称的"默默无闻为军队献身的传统精神"。战争后期，他处理了一系列棘手问题，给灰心丧气的盟友奥匈帝国和土耳其

汉斯·冯·塞克特将军是第一次世界大战中德国第 11 军团参谋长。他打仗时谋略过人，战后又深谋远虑，冲破《凡尔赛和约》的限制，重新武装德国陆军，令协约国叫苦不迭。

打气，充分展现了他的耐心、机智以及杰出的外交才能。他还是凡尔赛谈判中的德国代表团成员。他博览群书，阅历丰富，能讲德、法、英三种语言，谈论音乐、艺术就和谈论军事战术一样驾轻就熟。英国驻德大使达伯农爵士评价塞克特"头脑比其拘谨的军人外表宽广；见识比其严谨整洁的外貌广博"。

正如塞克特后来所记述的，就任新职后他便着手"减轻《凡尔赛和约》的流毒"。他不但要克服条约规定的种种限制，还要安抚因政府批准条约激起的分裂思想和愤怒情绪。100 年前，德国伟大的军事理论家卡尔·冯·克劳塞维茨形容旧军官团"类似一种行会组织，有自己的法律、条令和规矩"，只效忠德皇。如今皇帝的政府首脑地位被一名马鞍匠和饭馆老板出身的社会党人取代，军官们必须树立一种新的忠诚感，不一定忠于共和国或其他流水政府，但一定要忠于塞克特心目中具有神秘意义的帝国或民族，他称之为"德国国家和民族永恒的支柱"。

同时，还需把残留在国防军内的"自由团"余部训练成正规军。战争刚结束的那段混乱时期，军官们自行其是，从人数众多的老兵和年轻热切的右翼志愿者中招募人手，组建"自由团"志愿军。这些队伍和其他部队在政府的认可下组成了过渡时期的临时国防军，直到《凡尔赛和约》出台，重新规划了国防军。尽管在维持社会秩序，保卫东部边境方面，"自由团"不可或缺，但它

1925 年，塞克特将军用望远镜视察德累斯顿步兵学校的学员，这所学校是他亲手创办的。将军举止文雅，人所共知，但他也是一个好战的人，曾宣

称"战争是人类成就
所能达到的最高峰"。

们反复无常，容易参与叛乱，比如卡普政变。

塞克特坚持主张国防军必须超然于政治之外。他禁
止军人加入政党，禁止政治意向鲜明的报纸在军营发行，
甚至中止宪法赋予现役军人在议会选举中的投票权。或
许因为塞克特本身拥护君主制，毫不掩饰他对议会政府

的不信任，所以他经常被指责残酷镇压左翼政党。不管
个人的政治倾向如何，对极左极右分子他都予以压制。
比如，他果断地开除一名卷入右翼议会团体事务的将军，
另一位将军和低级军官因支持新生的纳粹党而遭到同样
惩罚。

塞克特从上任伊始就想方设法规避《凡尔赛和约》
的限制。他让军队办公室行使总参谋部的职能，给它的
各种机构冠以虚名，巧妙地保留了总参谋部。比如，参
谋部情报局在统计局和福利办公室的名义下展开工作。
和约要求取消军事院校，塞克特便在军队中开设一项"特
别训练课程"，起到军事院校的作用。

和约把军官人数限制到4000名。为了扩大军官团，
塞克特把管理人员秘密安插在国防部和其他政府机构的
文职职位上，还给子虚乌有的职位增加人手。塞克特还
保留一支非法武装，以防新成立的波兰共和国袭击德国
东部边境。这支6万人的部队由前"自由团"成员和其
他从临时国防军分化而来的非正规军组成，随便掩饰成
平民劳工，由陆军训练和供给。他们就是"黑色国防军"，
后来卷入反政府叛乱，只能被解散。

此外，塞克特默许建立一支大大超出《凡尔赛和约》
数量限制的国家警察武装，作为陆军的后备军。久经沙
场的军官穿上警服，给数以千计的入伍者施加军事训练。
仅普鲁士警察就有85000人，他们许多人像步兵一样装
备有步枪、机关枪，甚至装甲车。德国警察中受过特殊

训练的一些人将在二战中指挥陆军师和集团军。

塞克特认为国防军的有限规模在一定程度上倒不失为有利之处。这样，他比组建一支大部队更加精挑细选。每个空位平均有 7 个候选人，入选的都符合最严格的身体素质标准。他们的报酬非常高——是法国军队的 7 倍。旧帝国陆军的残酷非人的惩罚手段被禁止，军官待士兵比较好。

然而同旧陆军一样，塞克特的大多数军官出身贵族或保有深厚军事传统的中上层家庭。至 1925 年，国防军一半将军具有贵族血统。生性保守的德国军官设置种种障碍，使犹太人、社会党人、共产党和其他"不受欢迎的人"——包括极力倡导民主的人士——难以入伍或得到提升。

但塞克特明确规定，加入国防军后，功绩是提升的主要标准。例如，挑选军官到新的总参谋部即军队办公室受训就依据考试成绩。完成 3 年训练任务的军官可以穿上令人羡慕的红色条纹裤，成为总参谋部的一员。他们是国防军的精英，也是将来扩充陆军的核心力量。

塞克特认为，规模小素质高的陆军应该采取机动战略。他在 1921 年写道："据我看，未来的战争在于调动人数少但素质甚高的机动部队，若配以飞机，则作战效果更高。"他对速度和机动性的重视是德国闪电战的萌芽，也反映了一战中塞克特在较机动的东部战线的经历。

但塞克特的战术观和他的战略有点矛盾。他非常保

扛着旧帝国陆军的军旗，继承了老传统，塞克特将军的国防军正步走过保罗·冯·兴登堡总统（右二），他在一战大部分时间里担任德军总司令。

守，怀疑坦克能否取代马匹。一名部下曾轻率地暗示国防军骑兵应丢掉他们的长矛，塞克特把他训斥一顿。他拒绝用摩托化部队代替自行车。总之，和约对兵工厂的限制使塞克特无法实地检验摩托化战争的原则，因为野战训练和演习只能用夹板坦克和木头炮管的大炮。

在强调机动性的同时，塞克特把国防军建成日后大规模扩军备战的骨干力量。他创造性地提出"领导者的队伍"，意在表明每个成员都有一声令下即可担任更高职位，肩负更大职责的能力。因此，在战时的军事动员中，少校和上校可以升为将军，得力的军士可以升为中尉。和约没有限制军士数量，多达4万的军士和下士——将近每两个士兵中有一个——准备加入军官行列。

塞克特扩大陆军的计划也表现在他保留军团传统的政策上。少于300人的步兵连继承旧帝国陆军3000人军团的名字、荣誉和旗帜。这不仅鼓舞士气，还为将来把陆军扩大 10 倍提供一个可行的蓝图。

终于在 1923 年，尚在摇篮中的魏玛共和国面临最严重的一次危机，国防军和它的领袖显示了他们日益强大的权力和独立性。魏玛共和国得名于它的宪法起草地——魏玛古城。1923 年是个多事之秋。1 月，法国因为赔款纠纷占领了产煤重地鲁尔。这导致了德国严重的通货膨胀——买一条面包需要一手推车的德国马克。9 月，右翼分裂分子阴谋夺取南部大州巴伐利亚，左翼分子制造骚乱，动摇图林根州和萨克森州的统治。埃伯特总统召集塞克特参加内阁紧急会议，焦急地询问："陆军会和我们站在一起吗，将军？"塞克特洋洋得意，用

1923 年 11 月，一队国防军援军进驻德累斯顿，镇压那里共产党领导的一次起义。国防军受到当地市民的欢迎，图中，一个姑娘骑车为部队领路。

带着一丝普鲁士傲慢的语气回答："总统阁下，陆军将和我站在一起。"

之后不久，埃伯特宣布进入紧急状态，给予塞克特近乎独裁者的权力。接下来的 6 个月里，这位将军实际上掌控了政府。他的军队镇压极左极右分子的叛乱，包括阿道夫·希特勒和他的国家社会主义工人党在慕尼黑一个啤酒馆发动的暴动。

塞克特一方面把国防军建成德国最强大的组织——他称之为"国中之国"，另一方面对外交政策施加深刻影响。他大权独揽，虽然把共产党视为国内最严重的威胁，却大胆设想同布尔什维主义的堡垒苏联结盟。他认为两国都对波兰很反感。红军在 1920 年夏曾向波兰首都进军，被打了回去。塞克特在一封私人信件里直截了当地表达了他的意思："波兰的存在与德意志的生存水火不相容，难以容忍。"

苏联还有其他地方让塞克特动心。苏联不是《凡尔赛和约》的缔约国，没有义务执行和约规定。同时，俄罗斯疆域辽阔，远离协约国的监视，是发展被禁武器和训练国防军的理想场所。从苏联方面来讲，他们有可能接受结盟的倡议。尤其是红军在华沙被波军击退后，苏联重新武装军队需要技术和经济援助。

在德国外交部的协助下，塞克特于 1920 年初开始秘密谈判。他有几个中间联络人，包括著名的土耳其冒险家，当过国防大臣的恩弗·帕萨。第一次世界大战末

利帕特斯克附近的机场上，德国飞行员和空勤人员受训者站在一架 Do 式轰炸机样机的螺旋桨下。这个飞机场是德国的飞机试验基地，也是培养未来的纳粹德国空军领袖的学校。

期，塞克特被土耳其借走，担任土军总参谋长，同帕萨成为朋友。1918 年，土耳其帝国崩溃，塞克特帮助帕萨来到德国，继而又去了莫斯科。

1922 年，德苏两国通过谈判签订了《拉巴洛条约》，两个不可能成为伙伴的国家重新建立了商业和外交关系。这个条约为达成 1939 年的《苏德互不侵犯条约》和瓜分波兰的协议奠定了第一步。

同时，塞克特在参谋总部设立一个分支机构——俄罗斯特别小组，同俄军打交道。经过谈判，德国建立了两所秘密学校——利帕特斯克空军基地和卡赞附近的坦克训练中心，用以训练国防军战士。1925 年，身穿便服的德国士兵在那里秘密学习驾驶飞机和坦克。国防军的高层军官则以德国共产党工人代表团成员的名义来视察训练中心，尽管他们大多数人是拥护君主制的贵族。

俄罗斯特别小组还涉足商业领域。在政府资助下，他们成立了一家私营贸易公司 GEFU，给它起了一个与军火毫不相干的名字——工业企业促进公司。在德国公司的技术支持下，工业企业促进公司创建经营了一系列工厂，规避《凡尔赛和约》：位于萨马拉省的一个工厂生产毒气；莫斯科附近费利的一个工厂生产军用飞机和汽车；图拉的工厂生产炮弹。这些工厂的产品由国防军和俄军分享，但仅有 30 万枚重型炮弹运抵德国。

塞克特明白，建厂只是权宜之计。为了给设想中扩编的陆军提供充足的武器和弹药，他必须同德国国内的工业家"达成协议"。1924 年，塞克特私下成立武装

德俄两国飞行员和工程师（上）在莫斯科附近费利的容克工厂外合影。容克工厂生产战斗机和教练机。下图所示的 Ju A-20 装备了滑橇，以适应冰雪覆盖的简易机场。

力量办公室，旨在和工业界建立联系，并制定详细计划，以便将来把陆军扩充到 63 个师。塞克特要的不是能生产大量转眼便遭淘汰的武器，他重视研究开发。他希望当全面重整军备的时机成熟时，新一代先进武器的设计图和模型也已经完成，只等投入大批量生产。

工业界对国防军的提议既赞同又持有顾虑。绝大多数工业家不在乎暗中和军方合作会违反《凡尔赛和约》，但许多人抱怨他们承担不起秘密研究开发的费用。尽管如此，还是有一位德国工业巨头大力支持塞克特的计划。此人就是古斯塔夫·克虏伯·冯·波伦-哈尔巴赫，克虏伯家族的主人，赫赫有名的钢铁大王和军火商。早在 1922 年 1 月，克虏伯同塞克特和海军司令保罗·本克元帅私下会晤时就达成了一致。克虏伯后来写道，他们一致同意"规避并继而打破《凡尔赛和约》中束缚德国军事自由的条款"。

克虏伯和塞克特这两个密谋者既有相同点又有不同点。和塞克特一样，克虏伯也拥护君主制，厌恶共和国；实际上，他一直和被废黜的德皇威廉二世保持联系，德皇每年过生日，克虏伯都写信祝贺。克虏伯和塞克特一样具有精明、善于算计的头脑。然而，同风度翩翩、温文尔雅的将军相比，克虏伯的相貌和举止看起来像个喜剧人物。他身材矮小——比他妻子矮一头——额头浑圆、嘴形线条刻板。他的行动非常迅速但又生硬，一位美国作家曾说，克虏伯的一举一动似乎是在刻意模仿普鲁士

的那种僵硬呆板。

　　克虏伯推崇秩序和效率。在这个以守时为荣的民族，克虏伯是个守时模范。他始终如一地遵守精确的作息制度，并且要求别人也这么做。每星期他腾出 1 小时陪 8 个孩子玩耍，不多不少整整 60 分钟。而他却在这段时间里查看列车时刻表有没有错误，发现了一个，就打电话大声斥责铁路部门。

　　然而，这个爱挑剔的小个子并不是克虏伯家族的子嗣，而是凭婚姻赢得了克虏伯这个显赫的姓氏。他的妻子伯莎是生性古怪的"加农炮之王"阿尔弗雷德·克虏伯的孙女。1861 年，他开始在埃森为普鲁士军队建造大炮。阿尔弗雷德的大炮精度高、射程远、威力大，为

这张照片是 1919 年从空中拍摄的，展示了埃森市规模浩大的克虏伯工厂群。克虏伯工厂位于德国工业区鲁尔的中心地带，停战协定签订后一个月之内，这个武器制造中心的 105000 名工人便有一半无事可做。

10 年后普鲁士赢得普法战争的胜利立下了汗马功劳，克虏伯王朝因此繁荣起来。阿尔弗雷德盖了一座城堡，取名"山间别墅"，有 300 间房间。整个城堡用玻璃、钢铁和石头建造，没用一根木头。尽管克虏伯家族的全部产业都建立在熔造炉上，但他还是很怕火。1887 年，阿尔弗雷德死后，他的儿子弗雷德里克继承了家产，此人性情更古怪。1902 年，当意大利和德国的报纸报道了他和男童有同性恋行为，他就自杀了。

悲剧为古斯塔夫登台敞开了大门。弗雷德里克把家族产业留给了大女儿伯莎。那时让一个女人掌管生产战争物资的工厂是不可思议的。伯莎需要一个丈夫，媒人便是德皇威廉二世。他是克虏伯家的密友，"山间别墅"常年为他预备房间。在众多候选人中，皇帝看中了古斯塔夫·冯·波伦-哈尔巴赫。古斯塔夫是个职位不高的外交官，威斯特伐利亚家族的后代，具有美国血统。他的外祖父是美国陆军上校，参加过南北战争；他父亲家早年从普鲁士移民宾夕法尼亚，靠投资在斯格兰顿煤矿的股票发了财，回德国后，得到封号，在姓氏中加入了代表贵族地位的"冯"。

1906 年，在皇帝的主持下，古斯塔夫和伯莎举行了婚礼。后来，为了让克虏伯王朝的名字世代相传，皇帝特许新郎在他已经很长的名字中加入"克虏伯"，把这个姓氏连同家族财产一起传给男性继承人。

古斯塔夫在 36 岁时接管了公司大权，用德皇激励他的话来讲，开始"证明自己是克虏伯家族的真正成员"。他以昔日的"加农炮之王"阿尔弗雷德为榜样，热衷于制造大炮。不久，他的大炮在第一次世界大战的前线找到了用武之地。工厂在战争期间发展到鼎盛时期，最多时拥有 165000 名雇员，生产刺刀、大炮、炮弹等各种武器，还有新研制的潜水艇。

1906 年，古斯塔夫·克虏伯与克虏伯家族联姻不久。克虏伯被法国公诉人比喻为一位微笑地看着他的部队焚烧法国村庄的德国将军。

　　克虏伯工厂每个月能生产 3000 门野战炮，最著名的产品是以克虏伯夫人的名字命名的"大伯莎"。这是一种口径为 17 英寸的重型机动榴弹炮，能把近 1 吨重的炮弹射出 9 英里。还有一种威力更大的"长麦克斯"，仅炮管就长 112 英尺。1918 年春夏，"长麦克斯"在 75 英里之外向巴黎发动暴风雨般的炮轰。克虏伯因上述功劳被皇帝授予"铁十字勋章"，并获得波恩大学名誉博士学位。

　　战后，在《凡尔赛和约》的钳制下，克虏伯和公司的日子不好过。他和另外 900 名德国人被列入战犯名单。尽管后来撤销了对他的指控，克虏伯公司却备受关注。和约规定克虏伯只能生产一定数量的大炮、装甲车和其他装备来更换老式海军战舰上已经废旧的装备。克虏伯每年只能生产4门野战炮。一战中，克虏伯在鼎盛时期曾拥有100万套夹具、铸模、压具和其他机器，厂房延绵于埃森市和其他地方几英亩。如今在协议国联合军控委员会的监督下，工厂庞大的军火生产设备或拆除，或销毁。此外，钢铁生产能力也减少了一半。

解除克虏伯生产能力的工作却因为一件事奇怪地暂停了。一名协约国监察员发现克虏伯上交的大炮比法国情报部门的估计少1500门。克虏伯公司的代表辩解说法国的估计夸大其词。（实际上，没有上交的大炮已经被偷运到克虏伯设在荷兰的一个公司。）最终监察员打破了大炮争端的僵局。他命令克虏伯重新开工，生产出符合法国人估计的数量。完工后，夹具和压具被拆除了，

协约国禁止埃森的克虏伯工厂生产战争物资，工人们便在这座面积39 000平方米深长的厂房里生产拖拉机。1923年拍摄这张照片时，克虏伯已在试用美国的流水线生产方法。

刚生产出来的大炮被运走销毁。

　　克虏伯于是转向和平时期的民品生产。他的工厂一直都在生产火车车轮、工具等民用产品。现在，各工厂的墙上打出了一条新标语："我们无所不产！" 流水线上源源不断地送出各种产品：婴儿车、机车、挂锁、收银机等，甚至还有用一战时研制出的不锈钢生产的新型假牙，而这种防锈材料曾用于制造潜艇甲板炮的后膛。

　　与此同时，古斯塔夫·克虏伯开始为大规模重整军备做准备。他后来写道："假如德国有复兴之日，假如德国要挣脱《凡尔赛和约》，克虏伯必须做好一切准备。机器被拆除了，工具被销毁了，然而有一样东西还保留着——那就是人才，在制图板前和车间里工作的人，他们的相互合作曾把大炮生产推向极致。一定要保住他们丰富的知识、经验和技术。尽管困难重重，我也要保留克虏伯的生产能力，为将来重新武装作准备。"

　　《凡尔赛和约》的墨迹未干，克虏伯就抓住了一个可以利用的漏洞。解除武装条款对德军在外国公司生产武器的事项只字不提。克虏伯首先把目光转向瑞典，看中了博福斯的钢铁和加农炮工厂。他通过交换专利、许可证和机密的生产工艺，取得工厂股票，渗入博福斯。1925 年底，这些股份加上由德国政府秘密出资在交易所购买的股份，已经达到博福斯总股份的三分之一，克虏伯拥有了控股权。

　　克虏伯早在得到实际控股权之前，就对博福斯生产什么种类的产品有很大影响。1921年，他派一名总工程师视察博福斯。不久，工厂就开始生产克虏伯设计的火炮、高射炮，甚至还有尚在试验阶段的反坦克弹药。许多产品销售到荷兰、丹麦等国家。克虏伯从中获得一些利润，公司的设计师得以继续他们的工作，而且参观博福斯的国防军军官能够学到新技术。后来，德国军官的参观引起了瑞典政府的怀疑。1929年，恪守中立的瑞典政府宣布加入瑞典军工厂的外资非法。克虏伯的律师马上绕开法律，成立了一家掩饰德国经营权的控股公司，使克虏伯继续控制博福斯。

克虏伯在荷兰的计划更雄心勃勃。1922年，他同德国海军上将暗中合作，在海牙设立IVS公司，即船舶制造工程处，继续研制潜艇。这项研究始于克虏伯在基尔的船厂，但现在被勒令停止了。他把船舶设计师一批批转移到荷兰的船舶制造工程处，为其他国家设计建造潜艇，并通过公司为它们提供技术专利，帮它们建造自己的潜艇。他和日本的潜艇制造商交流信息，派总设计师去日本帮忙。他还把图纸和

克虏伯工厂设计的3艘潜艇于20世纪20年代后期在芬兰建造，并在芬兰海军服役。被编入芬兰海军现役之前，潜艇由德国海军测试。德国海军被禁止拥有自己的海军编队。

设计师送往芬兰、西班牙和土耳其,在那里造出了二战中巡游大洋的潜艇编队的前身。作为回报,这些国家允许德国官兵在新造的潜艇上试航,使德国人获得了在本国无法得到的经验。

克虏伯开设控股公司,把船舶制造工程处的股票大把大把地卖给有权有势的荷兰商人,借以巩固他在那里的地位。这的确是个精明的做法。1926 年,法国向来自荷兰的潜艇活动提出正式抗议。荷兰政府发表简短声明,表示不会干涉私有企业的事务。

克虏伯规避《凡尔赛和约》在国外发展武器的同时,在国内又钻了和约的一个空子。和约禁止德国境内生产新式武器,但没有禁止新武器的设计。克虏伯在埃森保留了许多武器设计小组,从世界各地搜寻军事、科技出版物,让他们跟踪最新技术。这些小组开发了许多新技术。和约签订后不到一年,1921 年 5 月,美国陆军情报部发布的一份报告显示克虏伯在短时期内获得了 26 项火炮控制装置专利,9 项导火索和炮弹专利,17 项野战炮专利,14 项重型火炮专利,这种火炮需用火车运输。

1923 年初,法军占领了埃森和鲁尔的其他地区,克虏伯的大本营受到威胁。他马上把所有同重整军备有关的公司文件和图纸转移到德国其他地方藏起来,还把最优秀的火炮设计小组送往柏林的斯班顿区,继续他们的工作。

在鲁尔,人们对法军入侵的愤懑与日俱增。尽管克

　　虏伯劝告工人保持冷静，3月31日复活节这天，厂里仍旧发生了惨案。一队法国士兵向克虏伯工人猛烈射击，打死13人，打伤至少50人。随后，一个匆忙设立的法国军事法庭指控克虏伯煽动事端，判他有罪，送往杜塞尔多夫监狱服刑。6个月后，克虏伯出狱，变成一名民族英雄，更加坚定了他重新武装帝国的决心。

　　此后，重整军备的步伐加快了。1925年，克虏伯把火炮设计组从斯班顿区搬到柏林市中心离国防军司令部联络处较近的一栋建筑里。设计小组小心翼翼地保守机密。尽管和约没有禁止武器设计，但克虏伯担心万一暴露出去，协约国会有激烈反应。他们的办公室设在波茨坦大厦的第10层，打着考希京兹勒公司的招牌。楼里的其他房客，附近的国会议员，甚至他们的妻子都不知道他们究竟在做什么。"没人注意我们，也没人打扰我们，甚至没人敲过我们的门，"其中一位设计师弗里茨·图贝辛回忆道，"我们就待在国会上面，而他们却一无所知。"

　　图贝辛和同事设计了各式各样的火炮，有榴弹炮、轻型野战炮、一种新型机动迫击炮和8种重型炮。后来，他们又研制另一种和约禁止的武器——坦克。为了保密，他们称之为农用拖拉机。

　　克虏伯虽然外表刻板，但巧立名目、藏头遮尾的招数却层出不穷。他喜欢愚弄军控委员会和外国新闻界的"傻瓜们"，对那些风言风语嗤之以鼻。有的谣言说

法国军队集合在埃森的一座雕像旁，雕像的主人是军火王朝的缔造者阿尔弗雷德·克虏伯。

血腥星期六
的烈士

1923年3月23日将被历史记作为"血腥的星期六"，这一天埃森的克虏伯工厂的60多名工人在同法军的冲突中被杀害。悲剧发生的根源来自战后笼罩德国的经济灾难。1923年年底，马克贬值，通货膨胀越来越疯狂。德国领导人请求协约国政府暂时终止《凡尔赛和约》要求的沉重赔款，却遭到法国总理雷蒙·彭加勒的拒绝。后来德国拖欠了一项对法赔款，彭加勒便命令法国军队开进鲁尔工业区。鲁尔的煤铁产量占全德的45%。

鲁尔人民在政府的支持下展开了对入侵者的消极抵抗运动。后来，有些工人采取破坏活动。受挫的法军开始反击，逮捕了破坏活动的头目，判处其中一些人死刑。

星期六复活节这天，冲突不可避免地爆发了。一队法国士兵闯入克虏伯工厂的一家仓库，要求清查那里的车辆。有人拉响了厂里的警报器，工人从各个角落蜂拥而至同法军对抗。工厂的主人古斯塔夫·克虏伯正采在附近的办公室里，但他不愿驱散愤怒的人群。法军被工人团团包围，他们在占领的大楼入口处架起一挺机枪。几个克虏伯厂工人爬上房顶，打开蒸气阀，楼内马上蒸气腾腾。乱作一团的法军向人群开火，打死13人，打伤至少50人。

死者被全国誉为烈士，得到厚葬。克虏伯受到拘捕。法国人指控他故意鸣警，挑起事端。法庭判处克虏伯15年监禁。

克虏伯在监狱里只待了很短一段时间，在此期间还颇受优待。德国的看管人员没有给他的牢房上锁，家人和朋友尽可探视，包括教皇在内的国际要人呼吁释放克虏伯。于是他仅仅坐了6个月的牢，便在1923年12月得到法方的圣诞特赦。不久，法国从鲁尔撤走了最后一批饱受困扰的部队。

1923 年 4 月，德国人为被法军杀害的工人举行隆重的葬礼。死者的棺材安放在鲜花簇拥的灵车上，由身穿行会礼服的克虏伯矿工护送。

克虏伯生产的婴儿车可以拆开，重新组装成机关枪。有的谣言说克虏伯把一战留下来的一门"长麦克斯"炮管朝上放倒，再砌上砖，火炮就变成了工厂的烟囱。

克虏伯公司重整军备的经费主要来自生产婴儿车、机车和其他民品的利润。此外，公司还从特殊渠道筹集资金。克虏伯厌恶之极的议会制政府给公司的拨款高达 3 亿美元。公司董事会成员奥托·维德费特曾任德国驻美大使，在华盛顿呆过 4 年。多亏他四处活动，美国政府在 1925 年贷给克虏伯两笔总数为 1000 万美元的贷款，帮助公司度过通货膨胀的困难时期。同时，克虏伯希望通过以前和英国军火商维克斯达成的专利协议，从英国寻求资金。20 世纪初，克虏伯把一种特殊的炮弹导火索的专利转让给维克斯，而维克斯每生产一根导火索，应付给克虏伯 1 先令多一点的回报。战后，根据德国火炮在英国前线蒙受的损失，克虏伯要求维克斯偿付 26 万英镑。最后达成的数额大大减少，只有 4 万英镑。尽管如此，克虏伯一方面直接从德

1924 年，一家飞行俱乐部在聚会。滑翔机在空中呼啸而过，洛恩山脉瓦瑟小山上观者如潮。1926 年，协约方解除了德国

生产民用动力飞机的限制，德国青年渴望飞行的热望终于实现了——能在图中正在测试的简陋的飞行器上飞一飞，他们也就心满意足了。

国在一战中蒙受的损失中获利，一方面又在准备另一场战争。

克虏伯用最先进的海陆武器装备未来的德国军队时，还有一些德国人在千方百计地保住德国生产另一种和约禁止的武器——飞机的能力。尽管和约明令禁止，德国航空业在 20 世纪 20 年代仍经历了一场声势浩大的复兴，为建立空军奠定了基础，造就了一大批空军领袖和战斗机驾驶员。

其实是滑翔运动激发了航空业的复兴。当时的人曾这样记录："1922 年初，在德国上空飞行的东西属于德国的只有飞鸟和滑翔机。"大学生和一战飞行员热爱飞行。他们东拼西凑，用木片、金属丝和布做成滑翔机。经过精心设计，滑翔机可以拆成零部件，装在板条箱里，便于运输，尤其便于用火车运到德国中部的洛恩山脉。一年一度的滑翔比赛在那里举行。

很多参赛选手身无分文。他们睡在装货的板条箱里，把滑翔机拖上瓦瑟山顶峰，在那儿被射入上升的热气流中，自由自在地飞几分钟。"我们这些年轻人忍饥挨饿，风餐露宿地来到洛恩山，心中丝毫没有将来发动报复战争的念头，"一战的轰炸机飞行员赫尔曼·斯坦纳写道。"我们之所以这样做，是因为我们不想放弃飞行的梦想。"

滑翔运动不仅培养了飞行精神，丰富了飞行技术，还激发了航空研究。洛恩山的比赛吸引了许多德国航空业的优秀人才。飞机制造商安东尼·福克、未来的战斗机设计师威利·梅塞施米特、理论家西奥多·冯·卡曼等都参加过激烈比赛，驾驶那些脆弱的滑翔机在高空飞翔，增长了见识和经验。他们的单翼滑翔机很快显示出比一战中普遍使用的双翼、三翼动力战斗机更具空气动力学优势。后来翱翔德国天空的线条流畅的单翼战斗机，其设计思路很大程度上来自20世纪20年代那些轻捷的鸥鸟状滑翔机。

塞克特将军密切关注滑翔运动和激情勃发的设计师。有一年，他在航空技术局官员库特·舒登特上校的陪同下出席了洛恩的比赛，安排国防军经费通过运输部的渠道资助无动力飞行试验。

尽管塞克特青睐骑兵显得不合时代潮流，但他很有远见地预料到空军将成为一支独立的武装力量。他在改头换面的总参谋部设立特别航空处，在人数不多的军官团中留出180个名额，吸收一战的老飞行员。他把这些"特殊任务的顾问"分派到主要部队，向他们灌输空军意识。这些人的任务是让步兵军官在演习中制定战术时考虑到友方和敌方飞机可能采取的行动。

1924年，协约方放松对德国动力飞机的限制，国防军不失时机地秘密组建了新的航空体育协会。协会在全国设立10所学校，名义上是培训私人飞机驾驶员，实际上是为军队的老飞行员提供进修机会，为国防军训练新飞行员。塞克特甚至动用国家新成立的汉莎航空公司的飞行员和地勤人员组成航空后备役。

1925年，塞克特秘密筹划的空军基地成立，飞行员可以在真正的战斗机上接受高级训练。基地位于莫斯科东南220英里的利帕特斯克，名义上为俄国单独所有的空军学校，实际上由德国人和俄国人共同管理，保密

一架标有"汉莎航空公司"字样的 Ju 26 型客机。"汉莎航空"是德国的国家航空公司，成立于 1926 年。正如其外表所显示的，这种 3 引擎飞机虽然速度较慢，但性能可靠。它的后续机型 Ju 52 在 20 世纪 30 年代被德国空军用于运输人员和物资。

所谓的 Sportflug，也就是"航空体育协会"，成立于 20 世纪 20 年代中期，并带有显著的军事化性质。左图为该协会成员在表演军体操，他们的运动服上印有该协会的徽标。同样的标志也印在协会的教练机上，如右图的那架 He HD 21 型飞机。

工作做得极其严谨。受训者出国时隐去真实姓名，信件由柏林转送过来。基地的 3 名飞行员因事故死亡，尸体是装在标有"备用部件"的大木箱里运回国的。

大约 220 名德国飞行员和其他航空人员——包括德国空军未来的三位陆军元帅——完成了 6 个月的训练课程。这些课程继续开设了 8 年。另外，750 名空勤和管

理人员也在利帕特斯克得到训练。许多人还参加了演习，在俄方帮助下，摸索出近地空协同作战战术。后来，德国空军运用此战术引发极大破坏力。

德国飞机制造业的发展也在同样机密的情况下进行。《凡尔赛和约》和后来的《巴黎航空协定》禁止德国生产军用飞机，并限制民用飞机的生产。由于协约国采取拖延政策，战后两年德国没有生产一架飞机。随后，协约国允许生产某些民用飞机，但对飞机的性能严加限

制：时速不超过 105 英里，升限不得高于 13000 英尺，有效载荷不超过 1300 磅，航程不远于 186 英里。

所有这些限制使飞机的性能大大低于当时的技术标准。1926 年之前，德国一直执行这些标准。后来民航当局援引和约中要求德国境内非德国飞机必须符合上述限制的条款，攻击英法飞机违反和约规定，协约方便撤销了以上限制。

此时，德国飞机机架和发动机制造商已经停产。有

几家只是靠国外经营维持生存。阿道夫·罗尔巴赫在丹麦开设工厂制造大型飞艇，研制出铆钉不突出的平滑金属机身，后来的飞机大量采取这种设计。雨果·容克在瑞典设厂。在俄罗斯特别小组的请求下，1924 年容克创建并开始经营费利的苏联飞机厂，为红军空军生产侦察机。

安东尼·福克是个不屈不挠的荷兰年轻人。一战时，他制造出一批德国当时最好的飞机而大发横财。1920年，他把工厂迁往荷兰，避开协约国监察员的视线。委员会在德国北部的斯科维瑞茵视察他的工厂时，发现大量飞机及零部件存货，以此认为福克已经上报了所有资

一架 He 12 型水上飞机从德国的"不莱梅"号远洋客轮上弹射起飞。当时，人们用 He 12 型提高国际邮件的投递速度。在轮船离港口还很远时，飞机就载着邮件起飞以缩短投递时间。

一架福克 D8 型战斗机掠过利帕特斯克飞机场的上空。这种德制的双翼飞机是一战时期著名的福克型飞机的后继型，虽然在 20 世纪 30 年代被单翼飞机淘汰，但在当时仍用作教练机。

产。其实，福克的出口部经理已经把一半多的存货，包括 220 架飞机、400 个发动机和许多备用件，藏在附近乡村的谷仓、地窖和马厩里。他在德国政府的默许下，用火车把它们全部偷运到荷兰，整整用了 350 节车厢。

福克放弃了德国国籍，在阿姆斯特丹重操旧业，但依然和德国保持联系。此举在 1923 年鲁尔危机期间为他带来滚滚财运。塞克特说服政府订购 100 架福克战斗机，偷运入境，在抵抗法军时以备不时之需。福克战斗机是当时速度最快的军用飞机，最高时速达 171 英里。飞机交付前，危机就结束了，福克先卖给罗马尼亚 50 架。德国一声不响地买下其余 50 架，运往国防军秘密基地，训练德国飞行员。

初出茅庐的制造商恩斯特·亨克尔留在国内经营，投入一场他称之为和军控委员会监察员"玩捉迷藏的冒险游戏"。亨克尔在一战中是个成功的飞机设计师，1921 年成立一家小公司，公然违反《凡尔赛和约》，

同美国和日本海军签订合同，为它们生产一种可以装备
潜艇的小型水上飞机。后来又为瑞典设计制造一种水上
飞机，在波罗的海的沃恩芒德镇工厂生产零件，送往瑞
典组装。

　　不久，亨克尔的生意扩大了，风险也随之而来。
1923 年，国防军秘密委托他生产一种可以装载一挺机
关枪的高速双翼侦察机，日本人也订购一架，还要一架
能装载鱼雷的飞机。亨克尔大喜过望，又不禁犯难，这
么多不同种类的军用飞机样机怎么才能躲过协约国监察
员的眼睛？日本客户帮忙解决了这个难题。日本驻柏林
的海军武官是军控委员会成员，可以刺探他们的计划。
委员会每次视察亨克尔的工厂前，武官的亲信从柏林给
亨克尔打电话，用暗语报信。接到消息后，工人们立刻
把所有飞机零件装入预先准备好的卡车里，把罪证藏到
几英里外的沙丘里。监察员走后，再运回去。唯一能抓
到亨克尔把柄的人是国防军航空技术官员舒登特上校。
他爬上工厂周围高高的铁丝网，检查安全疏漏。

　　德国人采取种种手段规避《凡尔赛和约》的解除武
装条款，协约国联合军事控制委员会不可能一一察觉。
委员会人手不足，无法经常监督德国陆海军、克虏伯之
类的军火巨头以及亨克尔之类的小工厂。对协约国而言
更不妙的是，国防军的反情报部门竟能刺探到委员会的
计划。他们窃听电话，拦截无线电通讯，及时向军方和
私人企业提供警报。德国人不愿给委员会提供消息，许

多人害怕遭受治安维持会的谋杀报复。

即使这样，军控委员会和协约国政府并不像古斯塔夫·克虏伯和其他德国人认为的那样容易上当。军控委员会的视察活动、本国提供的情报以及时而从线人那里得到的报告都表明德国在重新武装自己。还有一些更说明问题的报纸报道，比如英格兰《曼彻斯特卫报》在1926年发表了一篇披露国防军与俄军合作的文章。

对于这一切，协约国不是不知道，而是不愿采取措施。各种局势使它们基本上对德国军事复兴持睁一只眼闭一只眼的态度。协约国被内政困扰，不愿重新动武来贯彻和约。它们清楚国防军不是法军对手。法军拥有612000兵力，6倍于此受过训练的预备役。甚至连拥有266000人部队，1000架飞机的波兰也比德国强大得多。

也许更重要的是，军控委员会相信德国政府保持和平的种种承诺。1925年，德国同法国、英国、意大利、比利时签订《洛迦诺公约》，缔约国许诺至少30年内不互相发动战争。仅仅9个月后德国加入国际联盟，表明凡尔赛体系的缔造者最终接纳了德国。德国精明能干的外交部部长古斯塔夫·施特莱斯曼四处活动游说，让世界相信德国的美好意图，因而荣获1926年诺贝尔和平奖——在此期间，他却暗中支持国家违法地重新武装。

协约国相信了德国做出的和平姿态，于1927年初撤走军控委员会，比计划提前5年。英、法、比三国急于撤离，无暇注意委员会最后发布的报告。报告枯燥地记述了最近视察国防军和德国工业的情况。据曾在委员会任职的一位英国将军说，这份 500 多页的报告可以概括为一个可怕的事实："德意志从来没有解除过武装，也没有解除武装的念头，7 年来它殚精竭虑，施以种种欺骗和反控制手段对付监视它解除武装的委员会。"

具有讽刺意味的是，《凡尔赛和约》的镣铐刚刚解除，德国国内却发生了一系列事件，威胁到重新武装计划。战争结束以来，尽管思想观念上存在严重分歧，保守的德国军方一直同走马灯般轮换的自由政府密切合作——6 年内换了十几届内阁。主要原因在于内阁成员或赞成重整军备，或不表示反对。1926 年秋，塞克特触发了一场危机。这个老保皇派允许被黜德皇的孙子威廉王子作为正式军官，参加国防军演习。尽管让王子参加演习是出于礼节，在共和政府却引起轩然大波。

当时，民族主义思想在德国仍根深蒂固。对许多人而言，王子的出现象征旧帝国的复辟——由君主和军方共同管理的理想国体。自由主义政府担心有什么苗头点燃极右分子蓄谋已久的企图，可能导致另一场政变。况且，这件事明显违反《凡尔赛和约》关于国防军军官必须服役 25 年的规定。这时，政府为了让军控委员会撤离，正进行着艰难的谈判。塞克特同往常一样，甚至没有和名义上的上级国防部长奥托·格斯勒商量就自行其是。许多政府官员认为这是塞克特再次表现出对议会民主制的傲视与不屑。在接下来引起的激愤声中，塞克特不得不从坐了将近7年的德国重整军备总设计师的位置上辞职。

不久又发生两起威胁国防军的争端。1926 年 12 月，塞克特辞职 2 个月后，前总理菲利普·谢德曼在国会大厦公开指责国防军违反和约，在外国训练士兵、生产军火。谢德曼的脸几年前被刺客泼上浓酸，留下疤痕。他的话激起左派共产党和右派民族主义者的激烈批评，收到了几百次死亡威胁。但他还是把内阁拉下马，迫使国防军收敛在外国的活动。1 年后，国防部长格斯勒的部属为了给重整军备筹集经费，擅自挪用部里经费，投资风险很大的私有企业，包括一家破产的电影制片公司。此事被披露后，格斯勒引咎辞职。重整军备进程中遇到的这些挫折是暂时的。议会想控制军方的念头不久便烟消云散，国防军的权力继续加强。1924 至 1928 年的 4 年间，国防军预算增长一倍，由此可见它的自治权。

政府的大力资助扫平了前进路上的障碍，短视的协约国监察员也不再到处察探，军工企业加快了生产步伐，重点从武器设计转移到原型生产。虽然《凡尔赛和约》仍旧生效，订单激增的飞机制造商和设计师如亨克尔、梅塞施米特等，开始比较公开地生产战斗机了。克虏伯把在荷兰制造潜艇的船舶工程师召回国，重新安置在基尔。在基尔他们造出了 3 艘体积较小但火力大的袖珍战舰的第一艘。和约规定这些战舰的最大排水量不得超过 1 万吨，克虏伯和海军无所顾忌，使其排水量超标 17%。

克虏伯在柏林的军火设计师也看到他们的图纸变成

了武器。1928 年，他们设计的农业拖拉机变成战后德国生产的第一批坦克。克虏伯觉得他的大部分军火生产设备被协约国销毁倒是一件幸事——淘汰了过时的东西。现在，他掌握的先进技术准备着"一经下令，就大批量生产"。

　　然而，现在还不是下令的时候。1929 年，波及世界的经济危机也席卷德国，这一强大的经济冲击使重新武装德国的进程拖延了下来，而这是那些政治家们所没有办到的。几百万德国人民失业，许多银行破产，德国政府不得不停止重整军备的计划，着手处理更为紧迫的难题。但也正是这一强大的经济冲击在不久之后将极大

大萧条时期，身着破旧西装的柏林市民在救济站外用餐。经济的崩溃沉重地打击了德国社会的几乎每一角落的人，希特勒利用人民的不满情绪为其夺权服务。

地加速德国的军事重建。同时希特勒也将在这场经济危机中被推到权力的中心，用他那套建立德意志军事帝国的论调来蛊惑人心。他不仅要恢复德意志的军事实力，而且要让它无敌于天下。

潜艇的指挥官协商，准备在马耳它海附近对一个通过苏伊士运河西去的英国船队发动攻击。

人人都是
领导

"有国无防是可耻的",这句话是汉斯·冯·塞克特将军的座右铭。塞克特是一位战功卓著的军事将领,德国的新陆军国防军就是由他一手创建的。塞克特并没有被凡尔赛条约对德国军队征兵的严格限制而吓倒,相反,他着手进行一项雄心勃勃的"重新式装思想和士气"的计划。这项计划强调的是培养士兵的个人技能和主观能动性,而不是依靠先进技术的力量。"先进装备能够战胜一个个血肉之躯,"塞克特写道,"但却无法战胜人类不朽的精神。"

由于禁止在德国实行普遍兵役制,且军队的总人数限制在10万人,所以国防军在挑选服役人员时的标准异常苛刻。志愿者必须要通过一系列的体力和心理测试;参军后士兵的服役期至少在12年以上,军官不短于25年。一旦进入军队,每位士兵将接受某一方面的专门训练,重点是他们的领导才能。由于凡尔赛条约禁止德国成立正规的军事院校,塞克特将军就在军队的连和团级单位建立军事教育体系。列兵在那里受训成为军士、军士成为军官,这样一旦战争爆发,因为每一个人的军衔至少可以晋升一级,所以军队的编制可以迅速增加。

在每半年举行的大规模军事演习中,国防军对专业技能的精通程度和对自己职业的荣誉感得到了检验。虽然没有坦克、高射炮和其他现代化的军事装备,但是他们用纸板和木料精心制作了模型。所谓的敌军飞机有时是用玩具气球充当,而单个士兵呼叫时总是喊"我是某某排"或"这是8人的机枪小组"。国防军可不是闹着玩的。一位外国观察员承认:"德国军队引起了世界上所有参谋部的注意。"

1930年的演习中,骑兵部队策马疾驰。守卫在凡尔赛地区的传统骑兵部队为将来的坦克指挥官提供了极好的训练。

机枪分队用旗语和其他分队联系。这种目视信号在 1930 年已被淘汰。

在用作指挥中心的卡车里，一位参谋（右）和军士正在绘制演习部队的调动图。

在模拟遭受毒气攻击演习中的通信兵，德国的通信器材在当时是最先进的。

一支机枪分队正掩护炮兵部队的侧翼，图为观测人员用测距仪引导火力攻击敌方阵地。

图为用纸板制成的假坦克和包着铁皮的汽车伪装成的装甲部队进攻的场面。由于凡尔赛条约禁止使用反坦克炮，国防军只能用木制完全比例的模型进行训练。

2. 下士拉拢将军

案件还未审理就早已闹得沸沸扬扬。1930 年初，德国南部乌尔姆驻军的 3 名年轻的陆军中尉被指控向国防军军官传播国家社会主义思想，违犯了 10 年前汉斯·冯·塞克特将军立下的军人不得涉足政治的严令。而 3 名被告更甚于此，他们极力让同伴们相信政府不值得保卫。如果纳粹发动武装政变，军队应袖手旁观，不发一枪一弹。这种行为已构成叛国罪。

国防军官员起初试图使案件大事化小。他们知道年轻军官中普遍存在不满情绪，主要原因是《凡尔赛和约》规定军队人数为 10 万——严重限制了军队的提升机会。渐渐地，年轻军官转而相信纳粹的宣传。纳粹许诺大规模扩充军队，取消提升限制。军队领导担心"乌尔姆案件"闹得太大只会让纳粹更得人心，点燃军官们的骚动，所以希望把它当作一般违纪事件处理，在陆军技术法庭上审理。但其中一名被告打乱了军方的计划，他写了一篇煽动性文章，叙述案件经过，从牢房偷偷送到一家纳粹报社。文章刊登后，群情激愤，军队领导不得不把案件交给民事法庭审理。

不久后的国会选举结果又大大加强了此案的戏剧

在 1932 年的竞选中对总理职位充满野心的阿道夫·希特勒走下包机。在两周的巡回竞选中，他走遍了整个德国，访问了 46 个城市并对数以万计的新支持者发表了演说。

性。1930 年 9 月 14 日，距离莱比锡最高法院开庭审理此案还有 9 天，纳粹党在投票中取得第一次重大胜利。候选人得到 600 多万张选票，而 2 年前只获得 81 万张。纳粹赢得国会 577 个议席中的 107 个——1928 年只有 2 个议席——成为议会中仅次于社会民主党的第二大党。

　　证人的证词表明军队里普遍存在亲纳粹情绪。几个证人，包括被告所在的炮团团长，将于 4 年后被任命为总参谋长的路德维格·贝克上校，都提到年轻军官士气低落，心怀不满。令政府更不安的是，贝克和其他证人表达了对被告的同情。

　　然而，一位军外人士出庭作证使案件达到最高潮。这位引人注目的辩方证人是具有领袖感召力的纳粹党党魁阿道夫·希特勒。他此行的目的不是为被告辩护，而是想遮掩军队中的纳粹情绪，打消国防军领导的疑云。他出现在莱比锡法庭的主要目的是争取将军们的好感。

　　希特勒的表演是艺术的杰作。他滔滔不绝地讲了几个小时，发挥了所有的演说技巧和对政治战略的精心把握。他愤怒地反驳纳粹企图通过军事政变夺权的说法，申明纳粹只会使用符合宪法的方式。他抨击《凡尔赛和约》，谴责它束缚了德国的"手脚"，发誓要动用"一切手段，即使是世人认为不合法的手段"来与之抗争。针对有人说褐衫冲锋队日益强大不仅是为了保护党的言论，他讽刺这个说法为无稽之谈。

　　总之，希特勒想表明冲锋队和纳粹党任何其他组织都无意威胁国防军的最高军事地位。"我一直持这种观点，任何取代陆军的企图都是疯狂的，"他说，"我们不想取代陆军。大家看吧，我们执政时，现在的国防军将壮大成一支德国人民的伟大的军队。"

直到证词结束，希特勒才停止讨好将军，向挤在走廊里的党徒许诺。他说，纳粹党执政后，"将建立一个国家社会主义的正义法庭"，"让那些反对者人头落地"。听到这里，支持者爆发出一片欢呼，掌声雷动。随后他们把希特勒当作凯旋的英雄从法院抬到火车站，等在那儿的一辆特别的普尔曼汽车把他送回慕尼黑。

判决在一片激动兴奋中显得可有可无。3名被告被判密谋叛国罪，但处罚不重——每人处以18个月轻度监禁——反映了民众对魏玛共和国越来越不屑，甚至还颇有敌意。这种不健康的民族情绪正是纳粹意欲利用的。

希特勒在莱比锡艺术大师般的表演是他赢得国家显贵人物的一部分行动。除了加强群众的支持，他还打算同国防军领袖和大工业家集团结盟。希特勒并不乐于做这种事，因为他在骨子里是小资产阶级，不信任那些将军和资本家。但他清楚，只有得到军方和它的工业界联盟的好感，至少得到它们的容忍，纳粹才能控制德国。一旦大权在握，他就可以利用军方和大工业家的支持实现他建立一个新德意志帝国的理想。

希特勒不仅要博得将军们的好感，还要争取广大士兵的支持。在这个经济萧条，将近600万人失业，政治制度混乱，10个政党竞相争夺议会控制权的国家里，希特勒无疑是个具有吸引力的拯救者。他激烈抨击《凡尔赛和约》，许诺大规模扩军，宣称要恢复帝国昔日的辉煌与荣耀，深深地打动了士兵的心。

希特勒出身行伍的经历使他更容易贴近年轻军官和普通士兵。他曾是他们中的一员，一个在一战中表现出色的下士。作为西线的一名通信员，他被授予一级"铁十字奖章"——对普通士兵而言这的确是一种殊荣。他表白对军队的敬重，称自己的行伍生涯是生命中最快乐的时期。他喜欢称自己为"世界大战的无名战士"。

希特勒拉拢高级军官的活动也取得进展。这些军官急切盼望一场全面的扩军备战。对他们中的许多人而言，1930年9月这个多事之秋是个转折点。9月，纳粹在投票中赢得胜利，希特勒在莱比锡作证。据后来成为二战中德国指挥机构的显要人物阿尔弗雷德·约德尔回忆，希特勒已经打消许多上校和将军的疑虑，让他们相信他不会削弱陆军势力。连刚刚入选国会、退休的陆军司令塞克特也表露出赞同纳粹的迹象。但国防军领袖依然坚决反对希特勒和纳粹党。"国防军决不允许他们上台。"

在竞选的海报上，"我们最后的希望：希特勒"字样的口号被置于饱受蹂躏的德国人民头顶。在1930年和1932年的德国议会选举中，纳粹抓住公众对魏玛共和国逐渐丧失信心这一特点进行大肆宣传。

陆军司令库尔特·冯·哈默施坦因将军向一位非军方朋友保证。

对纳粹主义持同样反对态度的是三位政府要员。他们都是保守的民族主义者，德高望重的一战老战士。保罗·冯·兴登堡在战时统帅德国陆军，是全国最有声望的军人，自1925年一直担任总统，如今已80多岁高龄。总理海因里希·布吕宁是富有学者气质的天主教中央党领袖，曾率领机枪连，神勇过人，被授予一级铁十字奖章——他的其他5位内阁成员也获得过这种荣誉。国防部长威廉·格勒纳在战争结束时任陆军军需总监兼兴登堡的代表。

格勒纳是政府中希特勒最激烈的反对者——也是德国最能干的公务员之一。在旧帝国陆军的领导层中，他显得与众不同：一个既没有普鲁士出身也没有贵族头衔的将军。格勒纳1867年生于德国西南部，父亲是一名军士。一战初期，格勒纳担任过几个重要的参谋职务，包括在铁路系统供职。战争末期，他通告皇帝军队不再效忠于他，说服他退位逃亡国外，由此达成了停战协定。然后，格勒纳有条不紊地组织了撤军和解除武装，使国家过渡到战后的共和国。

这些功绩加上他1920到1923年担任过交通部长的经历使他赢得了"民主将军"的称号。而事实上，格勒纳同塞克特和其他将军一样是拥护君主复辟的保守派。但从1928年担任国防部长以来，他一直同各届议会制

　　在 1932 年的选举中，一队满载纳粹冲锋队员的车队隆隆驶过慕尼黑街头，他们高呼"觉醒吧，德意志！"的口号。这一声势浩大的行动是纳粹的宣传头子约瑟夫·戈培尔所谓"横幅和标语战争"的一部分。

Chiemgau Sturm 10 Trupp Traunstein

国防部长威廉·格勒纳（左）与总统保罗·冯·兴登堡总统观看国防军的演习。1932 年，格勒纳说服兴登堡查禁纳粹的准军事组织冲锋队（SA）和党卫军（SS），他坚持认为只有国家才有权组建此类的组织。

政府密切合作，因为他是个真正意义上的爱国者。

距莱比锡审判将近一年之前，格勒纳对希特勒发起了首轮反击。1929 年 11 月，他向国防军发布严令，警告他们纳粹党意欲分裂陆军。两个月后，他在一份将军令里把纳粹比作共产党，指责他们"企图迷惑我们，以便利用国防军为其政治目的服务"。他重申国防军的唯一宗旨是："超然于任何政党之外为国家服务,同外部强大势力斗争,平息国内倾轧,维护国家政权。"

审判结束后的几个月里,格勒纳逐渐集中对付希特勒日益强大的冲锋队。冲锋队的装束和行动始终很像正规军队——尽管他们是一群打手。队员们身穿制服,臂戴袖章,挥舞着旗帜列队行进,时而蜂拥而上,对反对者拳打脚踢,或捣乱政敌的政治集会。

希特勒对冲锋队的辩白是他的心里话。他无意让冲锋队取代陆军,并一直反对冲锋队头子以及他的纳粹同党恩斯特·罗姆的军事野心。1925 年,两人在这个问题上出现决裂。罗姆辞职后自己跑到玻利维亚。1931年 1 月,也就是莱比锡审判结束 3 个月后,希特勒把罗姆从南美洲召回,任命他重新统领冲锋队。罗姆加强了对这支已有 25 万人的队伍的训练。他推行一套严格的军事训练,给那些对现实不满的人一套制服、一个同志称呼和一项事业,吸引了大批人前来加入。

格勒纳认为壮大的冲锋队是陆军的威胁,国家的隐患,决定取缔他们。但他必须小心行事,因为国防军内部有人强烈反对。有的反对意见出自对格勒纳本人的憎恶。许多老派军官永远无法原谅他在驱逐德皇一事中扮演的角色,还有一些人不信任他同共和国精诚合作的政策,指责他没能阻止莱比锡的审判。更重要的是,许多军官盘算把冲锋队保留下来,和波兰交战时可以用作辅

助部队，平时可以用作召集国家失业青年的"褐衫团"。

为了平息种种责难，四面楚歌的国防部长打算招募20万人，成立一支民兵队。格勒纳认为这个想法是从纳粹手中夺取政治主动权的英勇之举，同时可以满足国防军内部的各种意见。民兵队吸收无业青年，打仗时可以当军队用，还能解决年轻军官迟迟得不到提升的难题。布吕宁总理十分支持这个想法，但由于招募人手、成立预备役将破坏《凡尔赛和约》，还需征求英法两国的同意。

然而在协约国做出答复之前，形势的发展超出了格勒纳的计划。1931年10月，他兼任内政部长，直接负

站在希特勒身旁的是冲锋队头子恩斯特·罗姆，此人擅长虚张声势、故作姿态。图为在柏林体育馆一次集会中，他向冲锋队队员敬礼致意。希特勒利用罗姆和他的手下恐吓其他异己政党，煽动众人对纳粹事业的狂热。

责国内秩序和防务，便受到要求取缔冲锋队的强大压力。势力强大的巴伐利亚和普鲁士州政府威胁说如果联邦政府不采取措施，它们将单独对冲锋队采取行动。1932 年春，罗姆这支私人部队已达 40 万人——是国防军的 4 倍——警方不断搜捕到证明罗姆可能利用冲锋队发动政变的证据。再加上总统竞选在即，局势更加复杂了。现任总统兴登堡竞选连任受到暴发户希特勒的挑战。这位 85 岁的陆军元帅轻蔑地称希特勒为"那个波西米亚下士"。

格勒纳和政府感到不得不采取行动了。4 月 14 日——兴登堡总统战胜希特勒获得连任的 3 天后——内阁发布命令取缔所有的纳粹武装组织，包括希特勒青年团、希特勒的黑衫党卫军和冲锋队，理由是"这些私人部队造成了国中之国的局面"。

格勒纳对纳粹和极端民族主义分子的强烈抗议有所准备，但没料到国防军内部的反应。赞同镇压冲锋队的将军们已经改变了立场。格勒纳成了国防部的众矢之的，受到恶毒攻击。他被指控投靠社会主义和不抵抗主义；人们取笑他 62 岁第二次结婚生子。承受了国会的国家社会主义工人党议员的痛骂之后，5 月 10 日，格勒纳收到最坏的消息，他的助手和朋友库尔特·冯·施莱谢尔将军冷冷地通知他，"他已不再享有陆军的信任"。格勒纳向战时的老上级兴登堡总统求助，却一无所获，于 3 天后辞职。

在兴登堡总统的
内阁中，威廉·格勒
纳对希特勒的批评最
直言不讳。在这幅作
于1931年的漫画中，
他被画成了身陷纳粹
蜘蛛网中的一只无助
的苍蝇。一年之后，
格勒纳被迫辞职。

国防军超然于政治的传统被打破了。许多军官把纳
粹当作意识形态可以接受、又能大力支持将军们设想的
独裁政府的唯一政党。更甚于此的是，国家社会主义工
人党赞同将军们念念不忘的重新武装的梦想。至于希特
勒和他的手下，国防军有把握驯服摆布他们。然而另外
一些卷入这场政治斗争的人，比如下台的格勒纳就是其
中一位，担心陆军的孤立政策使将军们在政治上十分幼
稚，不是希特勒这样精明狡猾的政客的对手。格勒纳辞
职1星期后曾向一位前同僚提醒这些危险，话中还讥讽
地提到希特勒祖先的姓氏："将军们最后将看到陆军不
会像狂热的女人那样亲吻施克尔格鲁勃先生的手。"

继任格勒纳担任国防部长的是他以前的助手施莱谢尔将军。任命之前，德国人几乎没有听说过施莱谢尔这个名字，尽管他长久以来一直是国防军最有权势的人物之一。施莱谢尔是勃兰登堡家族后裔，在军旅生涯的早期就懂得朋友和保护人的价值。1900年，18岁的他加入兴登堡的旧军团，同这位陆军元帅的儿子奥斯卡建立了长达一生的友谊。在战争学院时，他在格勒纳将军手下学习，一战末期开始给他当副官。20年代初，又分配给塞克特当参谋，处理了一些棘手问题，包括同俄军谈判训练国防军一事。1925年，兴登堡当选总统后，施莱谢尔的老朋友奥斯卡是父亲的副官，他便成了总统官邸的常客。

施莱谢尔早年的一位同事形容他"能说会道，言语风趣，和谁都处得来。幕后的角色比在大庭广众下出头露面更适合他。为人机敏，但不太诚实，雄心勃勃，很有理智，极富口才"。和他打过交道的人都会联想起德文中"施莱谢尔"的意思是"阴谋家"或"鬼鬼祟祟的人"。

保护人格勒纳就任国防部长之后，施莱谢尔在幕后施加影响的机会更多了。1929年，格勒纳任命他为处理同其他政府部门和所有政党关系的总联络员，还称他为"我政治上的红衣主教"。在取缔冲锋队的争议中，施莱谢尔利用格勒纳的信任，搞阴谋诡计陷害他的保护人。他向年老昏聩的总统进献谗言，向将军们撒谎，并暗中发起反对格勒纳的运动。更卑鄙的是，他私下勾结罗姆，密谋把冲锋队并入国防军。后来，当格勒纳知道施莱谢尔背叛他的所作所为时，在给他的信中写道："我极为轻蔑和愤怒，因为我被你欺骗了，被我的老朋友、门人、继子，被我对人民和国家的希望欺骗了。"

　　施莱谢尔却不这么认为，他相信自己所做的一切都是为了国家。他的使命是解散国会，代之以一个由强硬的民族主义者组成的内阁，使德国远离政治混乱。为了完成这个使命，他不惜利用一切政客——甚至希特勒和纳粹。他不仅暗中勾结罗姆，还会见其他政党的领袖，企图把他们从希特勒那边拉过来，分裂纳粹党，加强他的影响。下台的格勒纳认为这是件冒险的事，"施莱谢尔凭聪明想牵纳粹的鼻子，"格勒纳在给一个朋友的信中说，"但他们可能比他更狡猾，更善于指东道西。"

　　施莱谢尔无比自信地继续他的计划，使陆军更深地卷入政治。像施莱谢尔认为的已经蜕变成社会民主党爪牙的格勒纳一样，现在轮到布吕宁下台了。施莱谢尔又暗中在易受摆布的老总统耳边煽风点火——陆军已经不再信任总理了。于是 5 月 30 日，距格勒纳辞职刚刚两星期，布吕宁也被赶下了台。纳粹领袖警惕地观望着这场好戏，其中一人写道："任何一位让施莱谢尔站在背后的总理早晚会被施莱谢尔的鱼雷击沉。"

　　施莱谢尔希望新总理反对民主，在他的煽动下，兴登堡任命了弗朗兹·冯·巴本。53岁的右翼人士巴本出身于威斯特伐利亚贵族，是个跑马能手。除了风度翩翩，很快博得兴登堡的好感之外，巴本实际上在国会不得支持，没有政治资历。施莱谢尔受命挑选新内阁的大部分成员。新内阁中保守的旧贵族占多数，因此被称为"男爵内阁"。

5月初，施莱谢尔向希特勒亮明了他的阴谋。希特勒默许他成立新政府，作为交换条件，内阁许诺将取消对纳粹准军事组织的禁令，解散国会，召开新选举。6月16日，禁令取消了。冲锋队不久又横行街头，殴打共产党和社会民主党员。7月的选举中，纳粹赢得230个席位，比上届增加一倍多，成为国会第一大党。

1932年的柏林赛马场上，新任国防部长库尔特·冯·施莱谢尔（右）与他的政敌新任总理弗朗茨·冯·巴本在一起。不久，施莱谢尔密谋罢免了巴本的职务，自己成为总理。

同时，巴本总理表明他想当个有实权的独裁者。这个始料不及的变化是施莱谢尔不能容忍的。国防部长提醒总统巴本的强硬态度会激起共产党和纳粹同时起义，那时的局面陆军也无法控制。于是，1932年还未结束，巴本也下台了——被施莱谢尔的另一颗鱼雷击中。

施莱谢尔升任总理。12

月 2 日，他接替巴本，同时兼任国防部长。他的就任标志着德意志共和国 40 年来陆军的影响达到了最高峰，军队从没像现在这样控制着政府。

然而这种权力同共和国的命运一样，注定不会长久。施莱谢尔显然把赌注全压在引诱希特勒党内政敌格利戈尔·施特拉塞分裂国家社会主义工人党的阴谋上。这次他的鱼雷没有击中目标。施特拉塞愿意合作，但希特勒听到了风声，把施特拉塞和他的部下清除出党。施莱谢尔屡次使用奸计，终于失去了国会各党派和兴登堡的信任。在总统的要求下，只当了 7 星期总理的施莱谢尔辞职了。此时，兴登堡觉得不得不任命希特勒，尽管他的纳粹党在 11 月的选举中失去了 34 个席位，但仍是国会第一大党。

1933 年 1 月 29 日，正式任命希特勒的前一天，柏林谣言四起，到处风传施莱谢尔和陆军高层军官将发动政变，阻止希特勒上台。有的还说他们计划绑架总统，建立军人极权统治。事实并非如此。其实施莱谢尔和他的同僚唯恐希特勒当不成总理会引发骚乱，为此他们考虑发动政变推举希特勒为总理。他们很有把握希特勒一上任，就可以拿他当傀儡摆布。

然而，总统风闻陆军出现反纳粹运动，采取了不同寻常的防范措施。为了确保陆军的忠诚，兴登堡要亲自挑选施莱谢尔的继任者。第二天清晨在宣布任命希特勒前几小时，兴登堡任命维尔纳·冯·勃洛姆堡为国防部

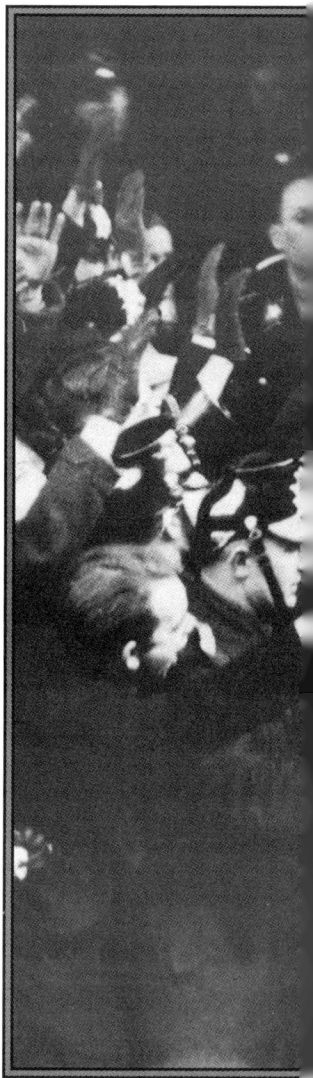

1933 年 1 月 30 日刚被任命为总理的希特勒在帝国饭店外得意扬扬地接受支持者的祝贺。当晚，数以千计身着制服的支持者高举火把穿遍柏林市街头狂热地庆祝纳粹的胜利。

部长。54 岁的勃洛姆堡将军是波美拉尼亚贵族，曾担任总参谋长。兴登堡相信他和施莱谢尔不一样，是个超然政治的军人。然而，兴登堡大错特错。勃洛姆堡已经是希特勒狂热的崇拜者。

国防军依然视总统为最高统帅，听命于新总理和国防部长。执政几天后，希特勒在和资深将军、海军上将共进晚餐时，许诺在"一段不受干扰的时期内"给予军方充分自由，让他们继续发展帝国的军事实力，并借机拉拢了几位重要人物。即使对新总理不放心的人也相信他容易控制。

把陆军稳住后，希特勒开始花更多的时间争取德国的工商界巨头。早在大萧条最严重的 1931 年，希望破灭的大工业家在寻找代替共和国政府的出路时，希特勒就加紧了行动。同时，约瑟夫·戈培尔和其他纳粹宣传家在群众中大造声势，希特勒乘一辆黑色大奔驰轿车走遍德国各个地方，和金融界、工业界巨头秘密会晤。他的一名副官回忆说，一些会晤非常保密，竟然在"人迹罕至的林中空地"举行。因为当时双方都需要保密：希特勒不愿让人看见他和国家社会主义工人党宣传中经常攻击的目标握手言欢，大资本家也不想暴露和希特勒以及他的激进观点有染。

希特勒投其所好，挑大资本家喜欢听的话说。他总是讲有利于他们经济利益的话题，利用他们害怕共产主义厌恶工会的心理,暗示在纳粹政府中两者都不会存在。他保证说他的国家社会主义工人党尽管听起来像社会主义政党,实际上支持自由企业制度。对那些将从全面扩军备战中获利最大的重工业巨头,希特勒暗示他们将得到利润丰厚的订单,生产武器和其他战争用具。

希特勒有一个身处合适位置的耳目网,靠他们在纳粹党和资本家之间联络。其中最具影响力的是一家重要金融报纸的前主编瓦尔特·丰克。丰克虽然相貌丑陋——头发谢顶,大腹便便,鼓眼泡,让美国记者威廉·L.夏勒想起青蛙——却在社会最高层活动。在企图影响纳粹经济政策的大工业家的要求下,他加入了纳粹党,并很快就成为信徒,像其他企图摆布希特勒的人一样为元首效力了。

开始,拉拢大资本家的努力没有给希特勒带来丰厚的竞选经费。他只得到一位大资本家钢铁巨头弗里茨·蒂森的倾力支持。蒂森早在 1923 年就向纳粹党捐赠 10 万金马克。其他大工业家和金融家不过按他们资助所有主要政党的骑墙策略行事,象征性地捐了点钱。有人效仿施莱谢尔,支持希特勒的政敌,希望分裂纳粹党或至少影响它的方向。

但希特勒从大资本家们那里得到了比金钱更有价值的东西:资本家授权的合法性使他没有遇到激烈反对就夺得大权。1933 年 1 月 30 日,他就任总理时,已经成功地让陆军和资本家界相信他能够引领德国向前发展。资本家们愿意观望他的表现。对许多人而言，纳粹的纲领看起来可以解决困扰国家的政治经济混乱，更何况，他们和许多将军一样确信希特勒最终会对他们言听计从。

希特勒一执政就着手加强和工业界的联系，利用他们达到自己的目的。2 月 20 日，刚上任 3 星期，他就在赫尔曼·戈林的柏林官邸会见大约 20 位工业巨头。戈林是元首的左膀右臂，担任国会议长。纳粹利用这个机会为下月的竞选筹集经费。希特勒讲了 90 分钟，深深触动了大工业家。他说，"任何文化的好处都必须或多或少地借助铁拳才能传播"。他说工业界和陆军一定要恢复往昔的荣耀。希特勒慷慨激昂地结束了演讲，像一个征服者似的离去。在座的大亨们表现得责无旁贷，起身表示将出资赞助纳粹竞选，最先表态的人当中有德国著名的工业家和军火商古斯塔夫·克虏伯。他和其他人一起为希特勒和德意志新帝国更大的荣耀慷慨解囊 300 万马克。

把克虏伯争取过来是个重大胜利。出于种种原因，克虏伯一直对希特勒怀有戒心。其中一个原因是这位元首曾是个卑微的下士，而克虏伯结交的都是汉斯·冯·塞克特和库尔特·冯·施莱谢尔这样的将军。克虏伯不愿涉足政治，禁止在家里谈论这个话题。不管谁执政，他都一如既往地为国家效忠。他虽然从心里讲是个保皇派，却非常尊重国家元首。一次开会时，一个工业界同行称前社会党总理弗雷德里克·埃伯特为"马鞍工人"，克虏伯听后愤然离席。

然而随着大萧条日益严重，克虏伯对共和国失去幻想。埃森的克虏伯工厂不足一半的烟囱冒着褐色煤烟。一位美国记者见此情景这样描述：冰凉的熔炉口伸出一个无所事事的轧钢机，像一根嚼得半烂的火柴。今天的德国毫无生机。明天的德国能强大起来吗？1932年，克虏伯主力工厂从原先的40000工人已经裁减到18000名非全日制雇员。利润直线下降，克虏伯和家人不得不缩减生活开支，关闭了宫殿似的"山间别墅"的大部分房间，只留下60间。

受经济危机困扰的克虏伯在1932年初开始关注国家社会党。他派董事会的一名成员到杜塞尔多夫的工业俱乐部听取希特勒对上流社会发表的演说。这位使者被希特勒征服了，回来后大肆宣传纳粹精神。克虏伯的大儿子阿尔弗莱德早在一年前就皈依纳粹门下，成为海因里希·希姆莱的黑衫党卫军的资助人，当时他还是个24岁的大学生。古斯塔夫·克虏伯给纳粹捐赠经费，不过是按照他资助所有右翼政党的原则行事。他不是容易拉拢的。大工业家蒂森在回忆录中写道："兴登堡总统任命阿道夫·希特勒为总理的前一天，克虏伯还在极力劝阻老陆军元帅不要这么做。"

甚至在戈林家与新总理初次谋面，以经济援助表

示支持纳粹之后，
克虏伯显然仍有顾
虑。他还认不准哪
条政治路线是正确
的，要给自己留下
选择的余地。例如，
他曾明确指示他在
柏林的司机卡尔·
斯塔尔如何给他敬
礼。克虏伯的手套

1933年的一次
经济会议上，钢铁
巨头弗里茨·蒂森
（右），希特勒早
年的支持者，正与
主管宣传的戈培尔
进行交谈。希特勒
曾经宣称蒂森"是
唯一一个能够并且
愿意把德国从崩溃
和蒙羞的边缘拯救
出来的人"。

是信号。如果他把手套拿在右手，斯塔尔就立正，手
触帽檐，给他敬一个传统的普鲁士礼。如果手套在左手，
斯塔尔要伸直右臂，和老板一起互致希特勒的新式答
谢礼。

　　然而，克虏伯不久就做出了决断。他个人政治航船
的转折点是3月份的国家大选。纳粹赢得44%的选票，
在克虏伯和其他大工业家的财力支持下，胁迫足够数量
的国会议员通过了所谓的授权法，给予希特勒独裁者的
权力。此时克虏伯的头脑中灌入了元首的形象和德意志
国家的概念，这个先前小心谨慎的工业巨头毫无保留地
向纳粹奉献一腔赤诚，用蒂森的话来讲，他成了一名"超
级纳粹党人"。

　　克虏伯为元首效力的第一个职务是纳粹党基金筹募
委员会主席。他奸猾地设立希特勒基金，从业界同行的

腰包里掏钱，还美其名曰捐赠是"向国家领袖表示感激的形式"。而捐款人一开始就明白这些钱也是保护费。给纳粹捐钱就可以免受靠基金养活的冲锋队和其他纳粹党暴徒的骚扰。克虏伯本人向基金捐款600多万马克，又给纳粹的其他事业捐赠同样数量的资金。

通过克虏伯，希特勒能够把工业界和国家社会主义工人党之间的新联盟组织化。两人同意把克虏伯自1931年担任领导的德国工业联合会这个工业协会转变为半官方机构。克虏伯仍然是领导，不过多了一个德国工业界元首的新称号。克虏伯很快就像个专横的元首。他把所有犹太人驱逐出工业协会，解散董事会，不经他同意不得召开任何会议。

克虏伯在他工业王国中更加专横。1933年8月，希特勒就任总理6个月后，克虏伯规定不但在他的工厂必须行纳粹礼，其他人的工厂也要这样做。他指示驻外销售代表在外宣传"新德意志"，后来把他们纳入帝国情报部做兼职成员。在埃森的工厂，他和新成立的秘密警察的当地总部保持特别电话联系，批评纳粹帝国的雇员被送往那里受审。许多人一去不返；实际上，成百上千的克虏伯雇员死在集中营里。克虏伯用一句古老的德国谚语"刨木头哪会不落刨花"为自己非人道的行为开脱。

伯莎·克虏伯看着丈夫逐渐变成为纳粹效力的奴仆，忧心忡忡。伯莎生在社会最高层，家族与皇室交往颇多，她极度厌恶希特勒，根本不愿提希特勒的名字，而称他为"那位先生"。克虏伯城堡前的旧帝国旗帜被纳粹旗换下时，伯莎气愤地对女仆说，"出去看看我们已经堕落到何种地步了。"

1934年6月希特勒第一次正式访问克虏伯工厂时，伯莎推说头痛，没有露面。克虏伯的大女儿，21岁的艾穆嘉代替女主人接待客人。她给希特勒献花，行屈膝礼。希特勒赞许地微笑，拥抱了她的父亲。希特勒并不是第一次来克虏伯工厂。1929年，他曾来到大门口，要求参观工厂，被拒绝了。当时克虏伯担心这个名不见经传的纳粹煽动家会走漏厂里秘密进行重整军备工作的风声。

希特勒想尽办法迎合克虏伯和其他大工业家的利益。其中一个办法是残酷镇压工会及其政治联盟，并打着"人民利益高于个人利益"的幌子。他严格控制工资，取消8小时工作日，使工人加班没有奖金。他取缔所有工会和社会民主党，宣布罢工和集体要求涨工资为非法，把许多工会领袖投入监狱。

新政府的开支政策促进经济迅速恢复，1936年达到满就业，资本家从中大捞一把。削减税收，给农民、小工商业和重工业各种补贴，这一系列举措为经济注入新的购买力。政府用于建设、筑路和其他公用设施的费用激增，1938年达300亿马克，是1933年90亿的3倍多。

1931 年，军火巨头古斯塔夫·克虏伯（右站立者）为庆祝他的结婚纪念日让人绘制了这张全家画像。他的妻子伯莎（克虏伯的右边）对希特勒很蔑视。虽然她拥有整个产业，但她亲纳粹的丈夫却实际控制着。

希特勒发布的重整军备计划加强了大工业界和元首的联盟。克虏伯当然是带头人。20 世纪 20 年代他作为唯一敢违反《凡尔赛和约》的大工业家，在那时已经开始增加产量了。1933 年 4 月底，希特勒刚就职 3 个月，克虏伯储存了 8 倍于 1932 年数量的铁屑、铁矿石、铜和其他原材料。他后来写道："我满意地向元首报告，经过短时期的准备，克虏伯已经准备就绪，可以为重新武装德国人民制造武器，我们毫不欠缺经验。1933 年以后，我们夜以继日地生产。"

克虏伯的工业帝国繁荣壮大了。克拉瓦卡车工厂的流水线经过改建用来生产坦克——希特勒在1934年3月之前需要100辆轻型坦克，一年后还要650辆。在埃森，被熔化的成千上万堆钢铁被铸成了炮管；工厂数量增加到原来的3倍，钢铁产量一年内增加一倍多。在基尔，开始在幕后秘密建造潜艇、驱逐舰和扫雷艇。

希特勒暗中重整军备的第一年，克虏伯公司和政府没有签订任何正式合同，一切全凭国防军高级军火官员的口头承诺。1933年公司开始赢利，年利润以天文数字增加，1938年达到9700万马克。多亏柏林"那位先生"的重新武装政策，伯莎·克虏伯和家人又可以使用"山间别墅"的主要部分了。

希特勒不打算公开他一步步破坏《凡尔赛和约》的活动。1933年10月，德国退出欧洲裁军会议，退出国联。但希特勒仍旧掩饰重整军备的行动，包括他的第一个订购武器预算。

希特勒能在财政上保守机密，主要得力于他的经济专家亚尔马·H.G.沙赫特的天才。沙赫特的父亲是德国人，19世纪70年代移居美国，后来回国。他用自己推崇备至的《纽约论坛报》活跃的主编的名字给儿子命名。沙赫特在20世纪20年代担任德国国家银行行长，制定出用外国贷款支持发行新货币的政策，稳定马克汇率，制止了德国飞涨的通货膨胀。沙赫特是个持不同政

1933 年 5 月，为寻求美国对德国延期支付战争赔款的支持，金融专家亚尔马·沙赫特（中间）拜访了富兰克林·D.罗斯福总统。罗斯福于 3 月就任美国总统。5 周前，希特勒刚就任总理。

见者，很快厌恶了议会民主制，倾心于国家社会主义工人党，不仅担任纳粹帝国的国家银行行长，还兼任经济部长，后来又任战时经济全权总代表。

沙赫特暗中用一种特殊借据为重整军备提供财政支持。支付给克虏伯和其他军火商的不是马克而是一种叫作"米福券"的凭证。军火商用"米福券"代替货币购买原材料和其他必需品。银行或私人持有"米福券"5 年后，可以到一家政府控股公司兑现，这家公司名字的缩写即是"米福"。重整军备花了几十亿马克，没有一分钱记在账上。许多"米福券"是靠没收外国账户、剥夺犹太人和其他所谓的国家敌人的财产兑换的。1936 年，沙赫特得意扬扬地向国防部长勃洛姆堡报告："可以这么说，我们扩军备战的一部分资金出自我们的政敌。"

　　除了生产武器，希特勒还规划了基础设施建设，支持重新武装。1933 年，他下令建设公路网，连接德国各个城市。公路建设和营运刺激了经济——加强了希特勒和资本家的关系。另一个重要作用是战争爆发后，陆军坦克和卡车可以在公路上快速调动。

　　汽油、橡胶和其他必备物资的充足供应对德国的军事前途更重要。以往德国一直依赖进口原料生产汽油和橡胶。一战时英国的海上封锁切断了进口线，德国对战略物资的进口依赖性大大削弱了它的实力。希特勒要建立化工厂，使帝国和军队实现自给，以免将来重蹈覆辙。

　　德国最大的公司——化工巨人 I.G. 法本在化工业发展中具有重要地位。法本公司于 1925 年 8 月由 8 家用煤焦油生产合成染料的公司合并而成，煤焦油是鲁尔炼钢业的副产品。公司的名字常常误导一些外国研究人员苦苦寻找一个名字叫法本的大工业家，却一无所获。I.G. 法本其实是公司德文名字"德国染剂业利益集团"的缩写。

　　I.G. 法本的前身在合并前已经为发展德国武器做出重要贡献。一战期间，他们的研究人员取得两项技术突破：研制出毒气，用合成法大量生产制造炮弹和其他

1933 年 9 月，希特勒为法兰克福和德累斯顿之间的高速公路破土奠基。虽然他在公开场合宣称加速公路建设是"和平的前奏"，但实际上其主要目的在于加快部队和后勤补给在全国的调动。

炸药必不可少的硝酸钾。德国无法从智利进口天然硝酸盐和硝石矿时，合成硝酸钾派上了大用场。

在合成硝酸钾的生产和 I.G.法本公司的合并中，卡尔·博施是个关键人物。他既是管理天才，又是科学

铁 拳

家，对结构化学和冶金工程颇有造诣。他开发了另一位德国科学家、大学研究员弗里茨·哈伯的成果。战前哈伯发现氨在高压下可以合成氮和氢；这样氨很容易用来制造硝酸钾。博施把哈伯的发现从实验室推广到工厂，并优化了批量生产的工艺。

1925年，博施提议成立I.G.法本公司。他认为8个公司的资源合在一起可能有惊人的利益可图——可以使德国摆脱石油依赖进口的现状。关键问题是从煤中提炼石油和汽油。早在1909年，哈伯的助手弗雷德里克·伯杰斯就在高压下用煤粉和石油的混合物反应，成功地生产出纯净的汽油。尽管德国储煤量丰富，却无人在实验室之外用这种方法生产石油。博施决心像以前生产合成硝酸钾一样再成功一次。他促成8家公司的合并，担任I.G.法本董事会主席，购买了伯杰斯的专利。1926年底，法本公司成立不到一年，他已经准备在勒纳建造世界上第一家批量生产合成汽油的化工厂。由于这项功绩和先前主持生产硝酸钾的功劳，博施和伯杰斯分享了1931年的诺贝尔化学奖。

I.G.法本公司设在德国勒纳地区的氮化工厂，巨型的氨水储存罐使高空步桥上的两个工人显得十分渺小。这座工厂是由化工卡特尔垄断的900家工厂之一，主要生产用于制造炸药的人造硝酸钾。

勒纳的工厂每年能生产10万吨汽油、其他燃料和润滑剂。生产成本是个大问题。从煤中提炼合成燃料的成本比传统的原油冶炼法高得多。大萧条时期，原油价格狂跌，两者的差价更大了。博施同美国石油巨人新泽西州的标准石油公司成立一家合资企业，用伯杰斯的方法提炼原油，将普通精炼法的效率提高一倍。但原油价格骤降，使这点改进也耗资不菲。1930 年一升合成汽油的成本是用传统精炼法生产的汽油的好几倍，博施董事会的几位成员打算放弃勒纳的方案。

I.G.法本公司急于得到政府的支持，向政治舞台迈进一步。除了极端政党——共产党和纳粹党，公司捐助了所有大党，甚至资助《法兰克福报》，用来宣传民主，当然也宣传合成油的好处。公司大力支持海因里希·布吕宁的竞选，布吕宁成为人人皆知的"I.G.总理"。投入的巨资终于有了回报：1931 年政府对进口油征收高关税。一年后，这项措施使 I.G.法本的合成汽油打入国内市场。

1932 年公司开始向纳粹捐赠经费。原因有两个：一是为了平息纳粹报纸对公司犹太董事的恶毒攻击，二是为确保纳粹支持合成油料。那一年的后半年，纳粹在国会占统治地位后，博施派两名代表去慕尼黑试探希特勒。I.G.法本的代表惊喜地发现希特勒对德国实现汽油自给很感兴趣，对"技术问题也有深刻理解"，其中一位说。他们向博施报告希特勒保证在执政后支持合成汽油，博施听了说："这个人比我想象的有头脑。"

几个月后，博施首次和元首会面，发现自己下错了结论。这时希特勒已经当上总理。只要谈论的话题是合成汽油，他们能够友好相处。但博施提出了同行们极力劝阻的一件事。犹太科学家被禁止继续研究工作，还将被驱逐出境。博施很关心他们的命运，提醒希特勒没有犹太物理学家和化学家，德国的科学研究将倒退一个世纪。希特勒怒吼道："那我们就不要物理学家和化学家干上一百年。"说完，元首陡然结束了会见，并拒绝以后和I.G.法本公司的董事会主席同处一室。

博施不畏希特勒的敌视，继续勇敢地为犹太科学家伸张正义，但收效甚微。同希特勒会面几星期后，博施得知他的老搭档哈伯被开除出柏林大学。尽管哈伯早就信仰基督教，是诺贝尔化学奖得主，其合成氨和毒气研究为德国重整军备立下大功，还是被除职了。1934年1月，流亡到瑞士的哈伯一贫如洗地离开人世，但他没有被人遗忘。哈伯逝世1周年时，博施不顾纳粹禁令，为他举行了追悼仪式。500多人参加了追悼会，包括哈伯的许多高级军官朋友。

然而，希特勒需要合成油，博施需要政府的支持来生产合成油，两个强硬的对手因为互相需要而克服了对对方的反感。1933年12月14日，博施和元首的代表正式签订协议。政府保证提高油价，不仅包括全部生产成本，还有一些利润。I.G.法本公司同意在接下来的4年中扩大勒纳工厂，把现有的10万吨合成汽油的年产量提高3倍。

解决了国家的燃料问题后，研究重心转移到另一种使德国军队摩托化必不可少的合成物质上：天然橡胶的代替品。I.G.法本的前身从一战起就开始研制合成橡胶，只制造出几千吨僵硬缺少弹性的物质，无法用来生产轮胎。20 年代末，公司研制出一种用途更广的合成物丁纳橡胶，其生产原料最初是煤，后来是石油。"丁纳"是取德文中碳氢化合物和钠的第一个音节合并而成，首次生产丁纳橡胶用的就是这两种物质。同合成汽油一样，没有政府补贴，丁纳橡胶在市场上无法和天然橡胶竞争。希特勒的财政主管沙赫特迟迟不给法本资助。元首亲自过问这件事，给法本下发补助。1936 年，公司开始建造 4 座合成橡胶工厂的第一座。

随着 I.G. 法本公司逐渐纳粹化，希特勒和他重要的合成物生产商的关系开始缓和。1935 年，持不同政

德国科学家研制成功一种名为丁纳的合成橡胶。图为堆满丁纳橡胶的法本集团仓库。这一技术上的突破使德国得以自给自足，希特勒也借此在全球政治上获得主动。

见的博施基本上退位，继任的董事会主席和公司的其他高级官员加入纳粹党，把所有犹太人清除出法本董事会和管理层。博施的精力体力日渐衰退，于1940年去世，临终时反思着他的批量生产合成硝酸钾、汽油和橡胶的重大功绩不仅武装了国家，还让希特勒有能力发动一场非正义的战争。

在德国工业界全力以赴重整军备之际，希特勒又着手加强和陆军的关系。他施展各种伎俩，拉拢那些在他就职时无动于衷的将军。他加快军火生产，允许国防军突破《凡尔赛和约》规定的10万人限制，实施到1935年将国防军扩大3倍的计划，以此赢得了许多人的支持。他对将军们恭恭敬敬，一如既往，公开大肆颂扬老战士兴登堡总统，博取军队好感。1934年1月，在就任总理一周年的讲话中，他竟然把陆军誉为帝国的"两大支杜"之一，另一大支柱当然是纳粹党。

希特勒不插手军官晋升等陆军内部事务，给许多高级军官留下好感。元首之所以这么放心大胆是因为他信任国防部长维尔纳·冯·勃洛姆堡将军能妥善处理这些事。勃洛姆堡虽是兴登堡选定的，希特勒却很快喜欢上他。勃洛姆堡高大英俊，身为文职官员依然穿着完美的制服，显出统帅风范。他是个能干的行政官员，又是希特勒的忠实助手。"元首比我们精明，"他对将军们说，"他会安排好一切，做好一切。"

勃洛姆堡凭借权力渐渐把纳粹主义和纳粹服饰引

入陆军和海军。他命令士兵向纳粹军人敬礼，把希特勒式敬礼制度化。他修改陆军上衣和军帽的徽章，在旧帝国陆军传统鹰徽的鹰爪上加入纳粹的"十"字记号。把剩下的寥寥无几的犹太人赶出陆军（除了那些一战老兵），禁止到犹太人的商店买东西，禁止和犹太人通婚。国防军中没人站出来抗议；如一位历史学家后来所说的，陆军"从来就不是民权、犹太人、社会主义和民主的捍卫者"。

　　一个没有解决的问题给希特勒和国防军之间日益增强的信任笼罩上一层阴影。冲锋队的规模和势力在急剧扩大。冲锋队现在将近 300 万人，他们的头领恩斯特·罗姆不担任部长却入主内阁。罗姆不屑地把陆军将领们称作"一群老顽固"，宣扬冲锋队要吞并国防军，建立一支庞大的"人民军队"——当然在他的领导之下。希特勒不采纳罗姆野心勃勃的计划，再三向将军们保证国防军是帝国"唯一的武装者"，但将军们仍不罢休。他们认为褐衫军威胁了国防军在国家的军事垄断地位，罗姆和他臭名昭著的手下将危害社会道德和国家复兴。"重新武装，"一位资深将军说，"是一项太严肃太困难的事，不允许挪用公款者、酒鬼和同性恋者参与进来。"

　　1934 年 6 月底，希特勒受到各方面施加的压力，冲锋队的问题白热化。勃洛姆堡和陆军将领一直在抱怨冲锋队，克虏伯之类的大工业家不满冲锋队的暴力行为，加入了反对的行列。希特勒最亲密的两个纳粹手下，新

"戈林将军团"的新兵正在宣誓效忠希特勒，这一前警察组织成立于 1933 年，用于镇压任何对纳粹表示不满的个人或组织。希特勒上台伊始就命令军队的所有人员向其个人宣誓效忠。

成立的空军司令赫尔曼·戈林和党卫军首领海因里希·希姆莱希望除掉罗姆，达到除掉党内对手的目的。罗姆公开表示对希特勒的不屑，称他为"那个可笑的下士"。更重要的是，87 岁的兴登堡已奄奄一息，希特勒图谋在他死后自封为总统，还需要国防军的支持。

戈林和希姆莱使希特勒相信冲锋队要对帝国发动政变，希特勒终于下定决心。6 月 30 日黄昏前，希姆莱的党卫军开始了清洗。国防军不想名誉受损，没有直接

铁 拳

参与，但为黑衫军提供枪支弹药，运送兵力。接下来的
48 小时里，希姆莱不但策划谋杀了罗姆和他的部下，
还谋杀了其他几十个所谓的帝国敌人，包括两位退休的
将军：前国防部长和总理库尔特·冯·施莱谢尔，和他
的部下菲迪纳德·勃莱多。官方报告说这两个人搞叛国
活动拒捕而被射杀。

国防军的官方报告把希特勒的行动描述得令人钦
佩。国防部长勃洛姆堡当天发布通告赞颂"元首果敢决
断，英勇无畏"，为帝国除去"叛徒"。只有少数军官，
包括施莱谢尔任下的国防军司令，现已退休的库尔特
·冯·哈默施坦因将军，用锲而不舍的勇气为国防军业
已粉碎的名誉挽回一点声誉。哈默施坦因和其他人不懈
地要求为施莱谢尔和勃莱多洗去不白之冤，希特勒不得
已，只好又扯了个谎：他对高级军官说施莱谢尔和勃莱
多被误杀，他们的名字应恢复到各自部队的荣誉册上。

大清洗一个月后，希特勒终于征服了陆军。1934
年 8 月 2 日，兴登堡去世，希特勒把总统办公室和总理
办公室合二为一，自封为总统，成为军队的最高统帅。
那天下午，陆军和全国还在哀悼他们的老战士，勃洛姆
堡命令国防军全体官兵举行新的宣誓仪式。他们没有按
共和国的惯例向德国宪法宣誓忠诚，而像战前年代一样，
向国家元首宣誓"无条件忠于德意志帝国和人民的元首，
武装部队的最高统帅阿道夫·希特勒"。

现在元首可以全面兑现他对将军们早已许下的诺

在国防军护旗手的簇拥下，希特勒的首任国防部长及武装部队最高指挥官维尔纳·冯·勃洛姆堡将军在克罗尔大剧院发表演说。勃洛姆堡是一位令人敬重的职业军人，对他的任命使部分高级军官试图推翻新政权的企图化为泡影。

言：重振德国的军事力量。第二年春，1935 年 3 月 16 日，希特勒公开宣布恢复普遍征兵制，把已达 28 万人的陆军再扩编 8 个师。帝国内回荡着鼓乐声。德国从此不再暗中重整军备了。希特勒挣脱了凡尔赛的镣铐。

在 1935 年 3 月 16 日的德国议会上，决心重新武装德国的希特勒下令重新实行普遍兵役制。

纳粹党和
国防军结合

国防部长维尔纳·冯·勃洛姆堡写道:"佩戴着德国复兴标志的武装部队和全民族紧密地团结在一起。"这新标志是一只德国传统的雄鹰,但它的爪子却紧紧抓住纳粹党的党徽。1934年2月25日,德国的陆海空三军部队受命将这一新的徽标佩戴在军装上衣的右胸以及军帽上。

重新武装起来且扩大规模的国防军公布其新式军服时,德国军队与刚成立一年的希特勒政权结成的联盟进行了大肆的庆祝。国防军中新成立的空军继承了其前身——德国航空体育协会的服装设计。而陆军和海军则对原有的样式作了一些保留和修改,并在礼服上设计了引人注目的饰带。同时,又融合了其他制服的特点,加以新颖的徽标和饰物点缀。

各种服饰经过排列组合,到1938年时,一名陆军军官可能有多达10款各不相同的军服搭配——包括阅兵服、常服、野战服以及运动服等。从参加演习到接受上级军官的接见,其中的每一款组合都有不同的穿着时机。在印发的条令上,德军还详细规定了何种军服适用于何种特定的场合。

为效仿纳粹的样式,陆军和空军军官的常服还戴有佩剑。同时,为了进一步表明军队和纳粹党的结合,一些在魏玛共和国时期被禁止的政治和军事装饰也已允许穿戴。

陆军军官礼服的上衣和军帽,领章和肩章标明了军衔和兵种。图中军装为空降步兵营少尉服。所有军衔的军官都佩有肩带和丝锦腰带。

带有佩剑的骑兵部队军官的野战上衣和军帽，用于非骑马状态下的日常穿着。这种军官常服视场合正式与否又分为绲边和非绲边两种。

1936式野战上衣。为适于战场条件，该军装较为宽松，但收紧的腰部使人看上去依然精神抖擞。图中这套军装为第5机枪营中士服，同时佩戴1916式钢盔或1934式野战帽。

1935 式空军上衣和军帽。日
常情况下，1937 式空军军官佩剑
系在武装带上。相同的上衣在不
同的装饰下还可用于礼服。

Fliegerbluse，即空军常服，全军配发，是从德国陆军1915式野战夹克衫演变而来。图中这件配有镶银边军便帽的上衣为飞行员少尉服。配发的1935式佩剑为模仿德国航空运动团的设计。

第86高射炮团的二等兵常服，参加阅兵式时还将佩戴1935式钢盔以及战斗装备。钢盔上标有显著的空军鹰徽。与军官相比，士兵的军便帽没有帽顶的银边，用于非正式场合。

除了纳粹的鹰徽外，图中这件军官短呢上衣与世界其他国家的海军军官标准常服类似。镶在袖口的银边和军帽帽檐上的橡树叶标明了军衔。佩剑与帝国海军的样式相同，只是剑柄上的纳粹徽标取代了以前的王冠标志。

图中最左端的短上衣用于海军军官士兵冬季户外活动。在参加礼仪活动时，左边的夹克衫制服套在正式工作服外。传统的水兵帽因夏季和冬季不同分为白色和蓝色两种，同时军舰的名称用金线缝在帽子的飘带上。所有的德国海军军官服都在左衣袖上佩戴两个徽标，顶端的标明军衔，下端的显示其工作部门。

图中黄金色的肩章的佩戴使这件尉官常服变为礼服。在礼仪场合，三角帽代替了军帽。

3. 新型战争的倡导者

1 934年初,希特勒即将度过他作为德国统治者的第一年。就在这充满了动荡与混乱的一年,他参加了一次异乎寻常的军事演习。在赫尔曼·戈林和国防部长维尔纳·冯·勃洛姆堡等亲信的陪同下,希特勒用半个小时听取了一位45岁的中校对未来作战样式的全新构想。

思想保守的军人一定会被这次在陆军库纳斯多弗训练场上为元首举行的演练感到疑惑不解:坦克及其他装甲车辆取代了以往的骑兵部队,在演练场上隆隆开过,对敌军阵地进行侦察。几辆略显笨拙的坦克——每辆有2名乘员,装备有2挺机枪——在由卡车牵引的反坦克炮的掩护下,向敌方阵地开去。在演练场上,人们见不到以往步兵在炮火掩护下跳出战壕,向敌军阵地冲锋的情景。

在一次航空表演中,由 He 51 组成的编队飞越一门 88 毫米高射炮。自从1935 年希特勒公开证实纳粹空军的存在后,德国不时在各种典礼上炫耀展示它的空军力量。

海因茨·古德里安中校不仅建议在未来战场上将坦克部队用于进攻,而且他还认为整个德国陆军都应依照他的设想重新组合,德国的工业也应开动起来以实施他的方案。在这个依然受凡尔赛条约严格限制的国家里,在这个依然受资本主义世界经济危机困扰的时候,古德里安的这一设想似乎太不合时宜。

的确，戈林对古德里安的这套理论和设想十分反感。作为空军司令，戈林要优先发展空军，他正在负责一项雄心勃勃的重振空军的计划。仅仅一年，德国航空部门的工作量就增加了4倍，飞机的产量已超过先前的2倍，而新型战斗机、轰炸机以及侦察机的设计已经成图。这一庞大的计划已经使德国的财力和工业生产能力显得有些吃力。

尽管如此，只有希特勒——而不是戈林——才对古德里安的设想有最终的发言权。而此时，希特勒对这项新颖的构想异常兴奋。"这正是我需要的！"他喊道，

1935年希特勒和戈林率领其他高级官员顶着大风视察多伯茨机场的"里希特霍芬"空军联队。这个联队的飞行员在穿上蓝灰色的空军制服前曾在民间的航空体育协会训练。

"这正是我想要的！"戈林十分清楚，在希特勒的德国，元首的这番话将对一个人的事业产生多么深远的影响。这一点，古德里安不久也会明白。

20世纪30年代中期的德国无时无处不发生着变化，但却没有什么比在德国军队中发生的变化那么显著。就在协约国的凡尔赛条约宣判德国将永远成为军事弱国的15年后，希特勒正以任何人无法想象的速度冒险推进其大规模重新武装德国的计划。

然而，一战后科学技术的急剧变革使希特勒这项计划变得更为艰巨，因为大多数军队的将领无法与时代技术的发展同步。他们争论的是如何将战场上传统骑兵的作用与性能优越的机枪和坦克相结合。然而，当时飞机、坦克、舰船、潜艇及其他辅助设备（如通信、雷达）的性能却在以令人炫目的速度发展。一些飞机甚至还在设计图纸时，就已经过时。

年轻一代的军官们认为，基本的战争理论应依照新技术的出现而重新确立。1934年，随着重新武装计划的启动，这些新型战争的倡导者开始使出浑身解数去改变各自军种的作战思想，并获得了成功。

在空军，面对老资格的飞行员和新近加入空军的陆军军官们，戈林的参谋长瓦尔特·韦弗尔和其他将领竭力向他们表明，德国需要一支独立的战略空军。在陆军，古德里安认定，他那套博得希特勒欢心的新型战争模式——由电台相互联系的坦克部队——将成为一支"决定性的力量"。然而，他的观点受到了那些头脑中战壕作战理论根深蒂固的军官们的强烈反对。在海军，U型潜艇的指挥官卡尔·邓尼兹上校推崇潜艇部队运用新型的战术，并且他认为在将来的战争中，潜艇，而非战列舰，将成为决定性的武器。

赫尔曼·戈林，这位德国空军的司令，是德国空军实力膨胀的动力所在。他雄心勃勃且精力旺盛，同时他还得到了国内蓬勃发展的航空工业头目人物的鼎力支持——他在纳粹尚未上台之前的德国议会里是他们利益的维护者。然而，他之所以受到元首的欣赏还有别的原因。戈林除了拥有成为希特勒亲信必备的条件——无限的忠诚和人性的泯灭外，他还有其他圈内人很少具备的特点：戈林是一位名副其实的战斗英雄。

戈林的父亲是一位声名显赫的德属殖民地官员。1914 年，21 岁的戈林参军，成为一名陆军中尉。第二年，他转入空军的飞行联队。在那里，他因为 2 年内击落 15 架敌机而一举成名。1917 年，他赢得了普鲁士荣誉勋章，也就是"蓝色大勋章"。1918 年，他继任为空军第一联队的队长，该联队是为纪念已故的王牌飞行员里希特霍芬而成立的，被协约国称为"飞行杂技团"。当 1918 年 11 月德国宣布停战时，戈林感到难以容忍。在解散之前，他告诉他的队员们："我们将和那些妄图奴役我们的敌人作战。我们将会东山再起。"

在此后的几年中，戈林在斯堪的纳维亚做过出租车司机、特技飞行员，之后他又与一位富翁的女儿结了婚。就在此时，戈林遇见了那个将带领他参加一场新战斗的人。希特勒很快看出戈林的价值。"一位赢得普鲁士荣誉勋章的战斗英雄——想想看！"希特勒在慕尼黑遇见戈林后不久就说，"而且他那么富有，不用我花一分钱！"除此之外，戈林还能够在德国的工业巨头和金融大亨的客厅和餐桌之间自如地交往应酬，这一方面是希特勒从未涉足但又令他羡慕的。而就戈林而言，他视希特勒为德国的救世主，并对希特勒一直充满敬畏。他曾经向经济部部长亚尔马·沙赫特表露："每次我见到他，吓得心都掉到裤裆里了！"

1933年初纳粹上台，戈林由于对希特勒的耿耿忠心以及在灵活处理政治事务方面表现出的才能而立刻受到重用。他被任命为德国最大的州——普鲁士州的内政部长，并且在那建立了一支秘密警察部队——盖世太保。这个罪恶的机构因其组织严密且效率惊人而颇富传奇色彩。然而，戈林更关注的还是德国空军的未来。同年3月，戈林被任命为第三帝国新成立的航空部部长，这才使他得以实现夙愿。

的确，自从戈林最后一次战斗飞行以后，航空技术已经迅猛地发展。而他在战后的航空经验仅仅限于一些生意上的接触而已，这完全不能让他了解诸如大功率发动机、流线型合金机身以及增压舱等技术上的最新发展。

但是戈林也清楚地明白，航空工业代表着今后发展的潮流，而德国也必须建立发展一支强大、独立的空军。为了达到这个目标，戈林可谓充满热情、费尽心思。

　　戈林的首要目标就是确立自己的权威。在希特勒的支持下，他得以组建空军，并将海军航空兵作为一个独立的兵种置于他的专门指挥下。"所有能飞的东西，"戈林曾吹嘘说，"都归我管！"他的麾下有一批曾在国外空军航校受训的尖子飞行员，这些人能够随时听从他的命令。在德国国内，共有15000名滑翔机驾驶员；同时，300所私人的准军事飞行俱乐部里还有1000名飞行员。所有的这些人员都被戈林归入了一个庞大的机构——

冲锋队的航空俱乐部捐款人都将得到如图的胸针，上面有一架滑翔机的图案并写着"航空运动有利于德国"。

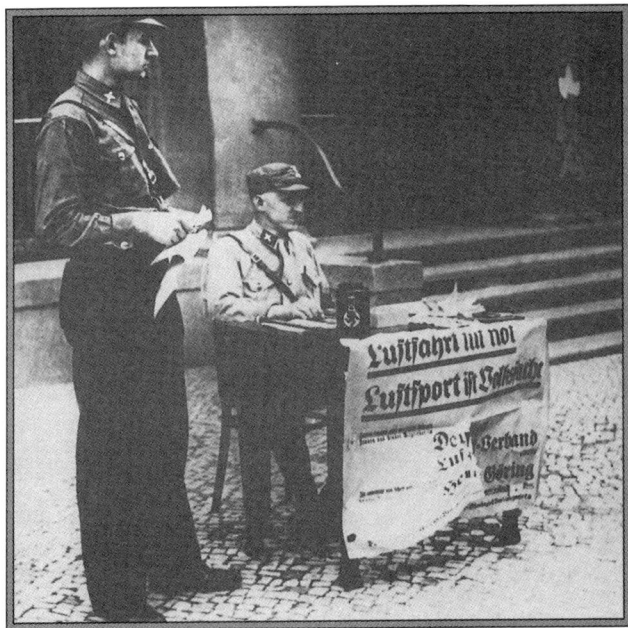

1933年的"航空周"活动中，纳粹冲锋队成员正在为他们的航空体育协会募集捐款。这个协会后来被编入纳粹空军。

一位反战飞机
制造商之死

1927年，白发苍苍的雨果·容克（中间）向驾驶容克W-33型飞机创造连续飞行52小时纪录的两位飞行员表示祝贺。

戈林重振德国空军计划中一位著名的受害人士就是雨果·容克，他是一位享誉世界的老资格飞机设计师和制造商。新上台的纳粹党领导对容克持怀疑态度，因为他曾公开支持民主体制，并带有反战的倾向。尽管在20世纪的20年代，容克因经济所迫曾帮助魏玛共和国在俄国境内制造军用飞机，但他却真诚地希望那些飞机会变成"保护人道主义的武器"，他也对纳粹德国疯狂地重新武装感到悲哀。

1933年春，曾经在容克公司任过职的戈林和埃哈德·米尔契向容克施压，要求他和用他名字命名的公司脱离关系。容克拒绝了，但是他的对手威胁要对两项与容克有关的指控进行官方调查。一项是容克曾经答应支付他在俄国分厂时的费用；另一项是容克曾经向德国议会里的社会主义者透露德国秘密重新武装的详情。容克对于他们的威胁大为震惊，他被迫向政府出售了足以控制公司的股份。但戈林和米尔契对此并不满意。他们将这位75岁的工业巨头在巴伐利亚软禁了数月，直至他同意将剩余的股票出售。

1935年2月，雨果·容克心灰意冷，在无望中郁郁而终。2个月后，他的公司被完全国有化，以更好地为纳粹政权建立空中优势服务。

"德国航空体育协会"。当时，德国全国还有 100 个设施完备的飞机场，遍布全国的一流气象台站以及通信网络。此外，德国还有世界上规模最大、装备最好的汉莎航空公司。汉莎航空公司的飞行里程以及载客量比法国、英国和意大利三国航空公司的总和还多，而且它的飞行员和许多飞机能够很快转入军事用途。

尽管如此，戈林重整空军的计划仍然面临着许多严重的困难。尽管德国重新建立空军的计划已经秘密进行了十多年，但直到 1932 年德国的航空工业部门才制造出满足军方要求的 4 种型号飞机的样机——两种侦察机，一种战斗机和一种轰炸机。而且种种条件表明，德国可能永远没有能力制造出足够使用的飞机。戈林掌管航空部之后认真研究了主管空军作战和训练的赫尔穆特·费尔米中校不久之前做的调查报告。根据计算，费尔米认为，为了有效地满足今后战争的需要，德国需生产 1056 架飞机用以装备 80 个飞行中队，即 20 个侦察机中队、18 个战斗机中队和 42 个轰炸机中队。根据他残酷的估计，在一场倾尽全力的战争中，如此规模的德国空军每月将损失近半数飞机。

费尔米的研究结果使航空工业界和军方的主管人员大为震惊。因为除了政府的大量补贴外，德国当时的原料和生产能力根本不能满足如此巨大的需要。全国的 7 家大型飞机制造厂和 4 家发动机制造厂共有 3200 名工人，但是大部分飞机的制造仍然采用常规方

右上图为 1933 年初，德国南部的一所秘密航校里，为训练战斗机飞行员，单座的 Ar 64 型单翼飞机正以翼尖连接队形编队飞行。1933 年，容克 G-38 型飞机被命名为"兴登堡号"，右下图为命名仪式上的冲锋队的乐队和护旗手。这种型号的飞机虽然是被作为纳粹空军的客机使用，但是它能很简单地改装成军用运输机。

法，即一架飞机完工之后才开始下一架的生产。只有容克和亨克尔两家公司具备大批量生产的能力，而容克和杜尼尔当时正陷入严重的财政危机之中。因此，在紧急的情况下，整个德国航空工业部门每月只能生产出大约 100 架单引擎飞机，只能满足费尔米推算出的战时需求的五分之一。

　　为了加速航空工业的发展，戈林把希望寄予汉莎航空公司经理埃哈德·米尔契的身上。41 岁的米尔契身材矮小，但结实精壮，他如猎犬般的体格和突出的下颚显示出他是一个意志坚定，不达目标不罢休的人。米尔契与戈林最初相识在第一次世界大战期间，当时，他还是一名负责对空　望的参谋。他们两人从来没有成为亲密好友，但却不时地互相关照。1928 年戈林进入德国议会成为纳粹党的代表后，他从米尔契那里得到了数目可观的"咨询费"以维护汉莎航空公司的利益。3 年后，戈林把米尔契介绍给希特勒认识。政治目光敏锐的米尔契将汉莎航空公司的飞机贡献出来为纳粹党领袖服务。在 1932 年那场狂热的政治竞选中，希特勒就是乘坐汉莎公司的飞机飞行了 23000 英里，在全国各地发表演说。这对纳粹党最后胜利的贡献是巨大的，而不仅仅是后勤保障。因为，希特勒从线条流畅的飞机中走出来的这一熟悉的情景使他有了一种胜利者的风采。

　　当米尔契得知纳粹正考虑任命他为空军的二把手时，他毫不留情地清除了那个可能阻止他青云直上的致命障碍。米尔契迫使母亲签署并发表了一份措辞不容置疑的声明，大意是说米尔契不是她和犹太人丈夫所生，而是她和一位德国贵族偷情的产物。从此，米尔契被批评人士讥讽地称为"荣誉雅利安人"。

就这样，米尔契带着不容妥协的强硬、无理，开始着手解决这个航空工业面临的棘手问题。经过两天半不分昼夜的工作，他和助手们制定出一套详细的计划，以生产出费尔米所要求的由数千架飞机组成的庞大机群。米尔契的苛刻要求就像赶牲口的鞭子一样驱使着飞机制造商们加倍工作。在视察容克公司时，米尔契曾向该公司的官员询问他们一年能够装配多少架容克 52 型飞机（这款 3 引擎飞机可以简便地改装成轰炸机）。他们的回答是，如果取消其他一切生产任务可以装配 18 架。然而米尔契给他们的任务竟然是在 12 个月里生产 178 架容克 52 型飞机，外加 45 架教练机。亨克尔公司的主管们同样也被米尔契的助手，艾伯特·凯塞林上校的生产命令惊呆了。这位助手要求他们立即在罗斯托克建立一个有 3000 工人的新厂，而这种规模相当于希特勒上台前德国所有航空工业的总和。

为了完成构建空军力量这一紧迫的任务，纳粹空军采取了各种措施加以扶助。一些公司接受了直接拨款或完全被政府接管，处在财政困境中的容克公司就是一例。同时，政府还暗中扶持了其他一些公司，以使重建空军的行动避开协约国的注意。他们在空军的名义下开设了

一家公司，然后将大笔低息和无息贷款通过这家公司注入飞机制造厂。截至1934年，沙赫特的"米福券"——这种由政府支持暗中发行的票据——支付了航空工业发展的大部分费用。

　　起初，飞机制造厂生产的是那些符合凡尔赛条约限制的飞机——例如未装备武器的教练机，He 45和He 46型侦察机以及能够迅速改装成轰炸机的容克52型运输机。同时，对于专门军事用途型号飞机如Ar 68型战斗机和Do 11型轰炸机的研制仍处于保密状态，而

上图为柏林附近的勒尔拜齐厂里，100个工人站在铝合金的机翼上显示这种新型水上飞机的承受能力。这种飞机的设计师是阿道夫·罗尔巴赫，单翼悬臂和掠线是他设计的特色。

且都尚未具备大规模生产的能力。

到了 1934 年初，米尔契的努力开始初见成效。德国飞机制造部门的工人已达到 16000 名，是上一年的 4 倍。为了加速一些重点机型的生产，飞机的配件从中心厂家送到了其他工厂进行生产；同时，制造完毕的配件又被送往巨大的装配工厂进行总装。由于采用了这项改革措施，整个航空工业的月生产能力达到了 72 架，是 1933 年的两倍多。与此同时，200 万德国工人正在加倍努力，扩展现有的机场、塔台以及库房，而所有的这一切都是以其他工程的名义暗中进行的。例如，在柏林附近居特博格的新机场对外宣称的是"德国航空交通办公室"，而其附近的库房被命名为"德国滑翔机研究所"。

正当德国开足马力发展一支强大的空中力量时，德国军内人士针对空军的作用爆发了一场激烈的争论。大部分陆军军官，甚至大部分曾在一战中立功的飞行员认为空军的作用仅仅是战术性的。侦察机的作用是协助步兵了解敌人的部署，并为炮兵射击提供目标；战术轰炸机的作

到柏林郊外的阿德勒休夫飞行试验研究所参观的人们从一台直径为 26 英尺的螺旋桨下通过。这台由 2700 马力发动机驱动的螺旋桨组成风洞的一部分以测试新型飞机的性能。

125

用是在战斗机的护航下对地面进行扫射和精确轰炸，以此支援步兵的进攻；战斗机的作用是和敌机进行空中格斗。

与上述观点相反，少数具有远见的决策人士却对空军的作用进行了一次全新的诠释。他们认为，战争不仅仅只是军队之间的冲突，还是不同社会、国家之间的冲突；这场冲突的目标不仅仅是敌人的军事设施，还包括敌人纵深内的工厂、国家的政权中心甚至一些无形的东西，如人们的士气。在这样的战争中，空军不是陆军和海军的辅助力量，而是一支能够执行独特战略任务的力量。在这支战略空军中最为重要的组成部分是能够突入敌人纵深，摧毁敌人战争能力和意志的远程重型轰炸机。

空军训练联队指挥官罗伯特·克诺斯就是持这种观点的人之一。克诺斯曾写过几部有关空军理论的著作。1933 年，他撰写了一部长篇备忘录。在文中，他认为迅速发展一支战略轰炸机力量将使德国在与其两个主要对手法国和波兰的力量对比中占有显著优势。即使那两个国家联合起来共同对付德国，轰炸机也能保证德国赢得胜利。克诺斯在文中甚至详细列出了在这场战争中各场战役的先后顺序。同时，他又强调由于这支战略力量对潜在敌人的威慑，战争可以由此避免。

然而，在空军中积极推崇建立战略力量的主导人物却是戈林的参谋长，瓦尔特·韦弗尔。韦弗尔是一

纳粹空军著名的首任参谋长瓦尔特·韦弗尔。此人曾极力推崇发展远程战略轰炸机，但在1936年的一次飞机失事中丧生，此后他的这一试验计划被大幅度地缩减。

位职业军人，他具有很强的洞察力，并富有创新精神。一战期间，他曾协助创造了"弹性防御"的作战思想，也就是当敌人发动炮击时命令前沿阵地的步兵放弃阵地，而在随后的步兵进攻中重新夺取阵地。

1933年，当韦弗尔上任时，戈林和米尔契并没有就空军应当准备迎接什么样式的战争对他作出任何指示。于是他研读了《我的奋斗》一书，并对当时欧洲的政治形势进行了研究，最后他的结论是德国的头号敌人是苏俄。由此他认为，为了击败这个庞然大物，德国需要的是能够突入纵深，迅速摧毁苏联战争能力的战略空军。因此，1934年韦弗尔把研制和开发航程为2000英里，能够飞至苏联的4引擎重型轰炸机作为空军最为优先的一项工作。

当这一切进行之时，厄运悄然降临在这位参谋长和他心爱的项目上：重型轰炸机的第一架原型机在经过多灾多难的两年后才生产出来，而它在下线后不久，因发动机存在严重的缺陷，韦弗尔便在座机失事中遇难身亡。然而在此之前，当重型轰炸机的概念还只是停留在设计图板上时，一些陆军将领就列出一大堆理由反对这项战略计划。他们认为，当德国尚未完全具备自身国土防御能力之时，他们难以将注意力放在对付苏联可能带来的似乎是遥遥无期的威胁上。至于克诺斯所说的一支战略空军力量将使德国得以轻松对付来自法国和波兰的威胁，这些将领们反驳说，战术飞机的作战范围已足够打击上述两国的重要目标，虽然破坏的效果会差一些。

持批评意见的人士还认为，全力以赴地发展重型轰炸机将使陆军失去他们需要的大批战斗机和战术轰炸机机群。到了1934年末，戈林和希特勒达成了一致意见，认为应当安抚和补偿陆军的损失，尽管他们都不愿意放弃对战略空军的选择。因此，结局成为一个折中的方案：战略空军的发展将继续进行，但规模有所收缩；与此同时，加紧了战术型飞机的生产。

到了1935年春，希特勒公开宣布了德国空军的存在。此时，空军的重点已经转移到发展一种战术和有限战略能力兼备的飞机，即航程可达1000英里、载弹量达2200磅、时速至少200英里的中型轰炸机。

由于现存的样机难以满足所有的标准，纳粹空军决定选择发展3种新型飞机。第一种Ju 86型轰炸机由于设计上存在着问题，因此不可能在空军的发展方案中扮演重要的角色。第二种是Do 17 型飞机，是从一种为空军设计的高速客机改装而来。为了达到设计所需的高于200英里的时速，设计师不得不将飞机座舱缩小，这样飞机只要装载6名乘员就挤得满满的。汉莎航空公司

虽然没有采纳这种设计，但德国空军却予以接受。该型
飞机采取一种折中方案，在飞行速度方面它胜过任何战
斗机，但却只能装载一枚 550 磅的炸弹。

第三种中型轰炸机——He 111，它原本也是基于
民用的设计，但是设计师头脑中至少有军事用途的概念。
He 111 飞机在汉莎航空公司用于客机时，其两个客舱
内可乘坐 10 名乘客。在两个客舱之间是一间专门为吸
烟乘客提供的超宽形隔间。在 He 111 的军用型里，吸
烟隔间设计成了 4 枚 550 磅炸弹的弹仓。

然而，纳粹空军的中型轰炸机都存在着一个缺
陷——轰炸瞄准镜过于复杂，只有经过大量练习才能掌
握。在实际训练中，飞行员常常因此错过目标。虽然更
为优良的瞄准镜需要开发，但是在尚未完成之前，出于
精确度的考虑，纳粹空军将重点放在了发展一流的俯冲
式轰炸机上。这种飞机的载弹量虽然有限，但其准确的
轰炸精度使它非常适于对重要战术目标的轰炸，例如敌
人的桥梁、舰船以及炮兵阵地。德国人将这种飞机称为
Sturzkampfflugzeug，即"俯冲式攻击机"，这个名字
不久便被缩写成 Stuka。

极力推崇发展施图卡式轰炸机的是自负的"飞行杂
技团"联队的另一位队员恩斯特·乌德特。在一战期间，
乌德特曾因击落敌机 62 架而战功卓著。因此 1918 年，
当戈林被任命为联队队长时，他自然大为恼火。然而两
人之间潜在的敌意很快被他们重整德国空军的决心所冲

淡。1936 年初，乌德特担任空军技术局局长，负责评估参与竞争的各家飞机制造公司设计的俯冲轰炸机的样机，并最终决定一种投入大批量生产。乌德特酷爱飞行，因此他亲自驾驶一架在竞争中处于领先的 He 118 型飞机进行测试。然而，在飞行过程中出现了意外，乌德特不得不在一块玉米地上空跳伞。当救援人员赶到时，他们看见乌德特被缠在降落伞中，身上几处擦伤，但没有骨折，口里还喃喃地骂道："这该死的死亡陷阱。"第二天，当设计师恩斯特·亨克尔带着 6 瓶开塞的香槟酒来看望他时，乌德特的心情大为好转，两人在一小时内干光了 6 瓶酒。

飞机的坠毁并没有阻止乌德特去驾驶另一种俯冲轰炸机，Ju 87。这种飞机的机翼与众不同地向上翘起，就像海鸥飞行时的姿态一样。与 He 51 相比，这种设计使 Ju 87 能够以比 He 118 更加倾斜的角度向下俯冲。而且这种飞机在乌德特手中驾驶时表现得完美无缺。1936 年末，Ju 87 转入了大规模生产阶段，这种飞机的出现将使"施图卡"在今后的战场成为"恐怖"的代名词。

与此同时，纳粹空军的其他人正以挑剔的眼光关注着另一系列战斗机样机的出现。而这种飞机在 1933 年时还全都是 Ar 68、He 51 等双翼飞机。这些飞机虽然都经久耐用，但不久便都过时了。问题的症结出在飞机的外形上，由于飞机的时速越来越快——超过 200 英里，因此由飞机表面造成的飞行阻力变得越来越大，双翼飞机的两层机翼产生的阻力必然大于单翼飞机。因此德国空军如果想要确立其空中优势，就必须生产单翼飞机。1935年末，就生产这种飞机而展开的竞争开始了，它与生产俯冲轰炸机时的竞争一样激烈。

身着白色制服，处于事业顶峰的德国空军副司令埃哈德·米尔契与设计师威利·梅塞施米特交谈。他们站在早期的Bf 109战斗机的梅塞施米特活塞式发动机的螺旋桨下。这种战斗机速度快，为全金属设计。

这次威利·梅塞施米特赢得了竞争的优势，这位设计师脾气暴躁，但工作勤奋，无论在理论还是飞机的实际制造上都堪称天才。梅塞施米特的样机Bf 109，是一种外形优美、全金属构造的产品，由巴伐利亚飞机制造厂出品，它的实验飞行时速接近300英里。尽管如此，实力强大的亨克尔公司也生产出了He 112型飞机，这种飞机的各项指标与Bf 109不相上下。而且，由于起落架的小巧灵便，亨克尔公司的这型单翼飞机比Bf 109在起飞和着陆时更容易操纵。然而最后，当梅塞施米特将其注意力放在了生产线上时，情况发生了改变。他改进了大规模生产的系统，使飞机的飞行速度提高，而制造成本却降低。1936年底，他终于赢得了飞机的制造合同。在此后的两年中，梅塞施米特制造了700多架Me 109型（飞机最后出产时的型号）飞机，

这使得德国空军在战争迫近的欧洲赢得了战术优势。

　　当戈林的空军羽翼渐丰、初具规模之时，古德里安也正加紧实施其使部队机械化的计划。虽然他的设想并没有得到一些实权在握的将领的支持，但这并没有能阻止他，因为此人意志坚定，一旦决心已下，就会像保卫国家一样拼死护卫他的决心。

　　和他父亲一样，古德里安是一位普鲁士军官。这个集团里的成员不仅培养了那种常常被旁人嘲笑的一丝不苟的严谨作风，而且还继承了进行激烈辩论的传统。实际上，普鲁士军官被要求对上级绝对服从，但是，这种服从必须是在经过本人最具批判性的思考和最激烈的争论之后才得以形成。古德里安深受部下的爱戴，就是因为对于部下的意见，无论长短，他都能够礼貌地听取并做认真考虑。但古德里安的上级却并不都能够像他那样。

　　1913 年春，当古德里安还只有 24 岁时，他就开始批评军队当时的体制。在他父亲的部队里服役 5 年后，这位年轻的军官面临着选择：是接受机枪射击训练还是通信技术训练。最后古德里安接受了父亲的建议，选择了通信。因为他父亲认为机枪在今后的战争中没有前途，而无线通信则是一个前景广阔的领域。但是当古德里安使用德国当时笨重而不可靠的电台，第一次参加了陆军举行的军事演练之后，他就写了一份义

图为 1925 年海因茨·古德里安（最右）正陪同国防部长奥托·格斯勒（中间）和他的副官视察在梅克伦堡的军事演习。当古德里安向国防部长建议摩托化部队不应仅仅用于运输、补给，还应该用于作战时，这位部长的回答却是："让作战见鬼去吧！它们的用处只是送面粉！"

愤填膺的报告。他抱怨说，在演练中根本没有人知道这些装备的正确用途，因此也就没有人下达命令，他的分队常常被放任自流，在演练中毫无用处。古德里安后来说，他的这通抱怨到了负责指挥的将军那里后便"消失在办公桌里了"。

当一年多后战争爆发时，古德里安发现的这些缺陷依然存在。当时的通讯电台存在着严重的问题：这种以电池为电源的设备笨重且易碎；当存在其他冲突信号时极易受干扰，并且不能在颠簸的马车上使用。就其作用而言，它只是将军们向前线传达命令的另一种工具。然而，古德里安却认为如果能够提高通信设施的性能，使将军们能够与前线的指挥官保持密切联系并掌握前线情况的话，这些通讯电台会有极为广阔的前景。

除了通讯领域之外，古德里安认识到传统的作战模式将很快过时。他指出，骑兵的作用无法与现代的步兵装备、空军的侦察以及摩托化的运输相比。而在自动武器的大量杀伤下，战争双方都将固守战壕，不敢轻易出击。传统的长时间炮击和步兵的集群进攻将不再有效。可是每次将军们对古德里安的观点都无法理解、无动于衷，这使古德里安异常愤怒。

事与愿违，古德里安没能够亲眼目睹一战中这种改变了作战样式，也包括他的事业的新型战术首次有效地使用。1917年11月，英国军队在坎布雷战役中，突破了以往运用零散坦克支援步兵的常规，首次使用大规模坦克集群发动进攻并取得了前所未有的突破。古德里安当时没有在场。3个月后，只装备了不足24辆坦克的德国陆军陷入协约国的重重包围，徒劳地反击着坦克冲锋。古德里安作为德军参谋部的新成员，怀着沮丧的心情研究了当时的作战报告。

停战协议的签署和君主制的瓦解使古德里安满怀忧伤和悲愤。1918年11月4日，当慕尼黑的左派人士走上街头庆祝德国皇帝退位时，他在给妻子的信中写道："我们美丽的德意志帝国不复存在，那些坏人把一切破坏殆尽。人们对于正义与秩序、职责与尊严的理解似乎

都被毁灭。我只是后悔自己在这里没有便装，我不愿意
自己穿着这身 12 年来引以为荣的军装暴露在那群推推
搡搡的暴徒之中。"然而，古德里安还是留在了军队。
1922 年，他被予以重任——担任运输部队巡视官，专
门研究在汉斯·冯·塞克特将军指挥的德国陆军里今后
如何运用摩托化部队。

古德里安的研究不仅仅局限于摩托化部队在当前的
实际运用，而是以其特有的风格对摩托化部队在战争中
所包涵的深邃理论进行了探索。他仔细反思了一战中总
结的经验教训，并对德国及其他欧洲国家军事家所做的
结论进行了认真研究。在此基础上，他提出了所谓"决
定性力量"的概念。对这个概念，古德里安的解释是，"在
战场上能够使士兵携带武器接近并消灭敌人的那支力
量"。他认为，大规模集结的步兵、短兵相接前的火力
齐射曾经是一支"决定性力量"，然而这些力量在机枪
的扫射前失去了作用。他又说，在上次战争中火炮曾是
战场上的决定性力量，但是这些大炮离目标过远，没有
足够的精确度。因此，现在这支"决定性力量"应该能
够使现代陆军装备的具有毁灭性火力的武器接近敌人，
并全力开火。古德里安略带讽刺地指出，解决当前这一
难题的办法是"重新使用古人的手段——装甲"。装甲
被德国人称作 Panzer，因为没有任何人或动物可以披
挂足以抵挡现代武器的装甲，所以人们早就对它失去了
兴趣。但是发动机驱动的车辆却可以，古德里安声称，"在

所有的陆军武器中，只有坦克才最具备'决定性力量'
的要求。"

　　古德里安富有说服力的观点赢得了参谋部一些高级
军官的赞赏。1928年他被指派负责建立一支新型战术
分队，研究陆军部队有关坦克运用的理论。古德里安对
国外相关理论发展动向十分关注，他认真分析了国外一
些理论著作，例如英国 J.F.C. 富勒将军和法国夏尔·
戴高乐上校有关坦克作战的书籍。然而，古德里安有他
自己的观点，在付诸实施之前，他进行了一些必要的准
备：他前往瑞典第一次亲自驾驶坦克，并观看了有坦克
参加的演习。有了这些经历之后，古德里安回到德国开
始着手实施他的计划。在这项计划中，他对战场上装甲
部队攻击的重视程度远远超过了其他德国指挥官或国
外同行的想象。如果古德里安提出坦克部队应该独立于
其他军种单独作战的话，这肯定会是一个惊世骇俗的想
法。但是他的想法却是，其他军种在战场上应该附属于
坦克进行作战。他确信地说，"在军种齐全的战斗编队
中，坦克肯定会扮演头等角色。"

　　在1929年夏举行的军事演习中，古德里安向世人
展示了装甲师这一"决定性力量"的最终模式。然而，
对于大多数的参加者来说，这次演习是令人发笑的。
仅仅是这支所谓的部队——仅由驾驶员和技术人员组
成——将在未来进攻中起主导作用的思想就够让一个
陆军老兵大笑一番。可笑的还不止这些。由于生产实用

型坦克装备德国部队的计划尚未实施，所以演习中负责进攻任务的坦克只好用几辆蒙着帆布和铁皮的小汽车模拟。这些"坦克"看上去可笑极了，它们既没有装备任何武器，又无法跨越哪怕是最不起眼的障碍。那些步兵们一有机会就用刺刀在"坦克"的纸板装甲上戳几个眼，以示轻蔑。

然而，古德里安对这种新战法的解释和分析充满激情，上级鼓励他继续试验下去。"掌握装甲部队优势至关重要，这一观点已经得到了支持。"古德里安回忆道。可是，古德里安依然面对着强大的反对势力。那些步兵的高级军官长期以来已经习惯了其他兵种在战场上作为辅助力量来使用，因此他们觉得没有必要改变原有的地位。一些骑兵部队的青年军官虽然认为坦克是他们更新装备的诱人选择，但他们的长官却一边为骑兵在上次战争中的欠佳表现拼命辩护，一边视"坦克主导"这一思想为直接威胁。这是一场激烈的内部争夺。

除了军种之间的争风吃醋之外，还有一些人认为古德里安的构想不过是一个不顾德国当前经济和政治事实的乌托邦设想而已。古德里安的指挥官，摩托化部队的巡视员奥托·冯·施蒂尔普纳格尔将军就持这种意见。他曾当面告诉古德里安："你过于莽撞。相信我，在我们的有生之年，在战场上我们俩谁都看不到德国坦克。"事实似乎也是站在施蒂尔普纳格尔一边。自20世纪20年代以来，德国冶炼公司曾费力地研制过一种可以与德国潜在敌人抗衡的坦克。当时，为了骗过协约国军控委员会的监视，官方将这种坦克称为农用拖拉机。在1926年，德国冶炼公司才将这台重达21吨，装有75毫米火炮的庞然大物装配好。此后不久，他们又研制出一种装备37毫米火炮、9吨重的轻型坦克。但是，这两种坦克都过于昂贵。而且当时没有人知道坦克将如何在战场上运用，因此也就没有人知道今后需要什么样的坦克。坦克的发展计划由此中断。

　　事情在1931年春发生了变化。奥斯瓦尔德·冯·卢策少将接替因循守旧的施蒂尔普纳格尔成为摩托化部队的指挥官。他是古德里安以前的老上级和老朋友，一直跟踪新技术的发展。不久，卢策提拔古德里安为摩

身着黑色军装，头戴软式贝雷帽的坦克中队的队员集合在德国国防军第一种坦克——P-IA型的周围。这种坦克高5.8英尺，只能乘坐2名成员——驾驶员和炮手。

托化部队参谋长，两人从此开始进行富有成果的合作。他们并肩战胜了骑兵和步兵保守派的反对，更进一步地发展了他们的作战战术。同时，他们还制定出了一项包括进行经常性军事演练的长远计划，并订购了第一种能够投入实际生产的坦克。1932 年生产的这种轻型坦克重达 5 吨，有 2 名乘员，只装备有 2 挺机枪。虽然这并非古德里安理想中的坦克战车，但毕竟在此之前还从未出现过真正的坦克。

尽管如此，他们需要走的路还很长。1933 年初，当希特勒上台并将德国拖上重新武装的道路之后，他最亲密的宠臣赫尔曼·戈林决定将空军作为财政投资的优先方向。古德里安并没有因此而被吓倒，他汇集了现有的装备，在训练场上不断改进"坦克进攻"的战术。1934 年初，他终于时来运转，有机会在库纳斯多弗向元首展示自己的作战构想。

这些军事表演虽然还不很精细，却生动有效地展示了古德里安对今后装甲部队在战场上扮演角色的构想。古德里安心目中典型的坦克进攻应该这样进行：乘坐摩托车或装甲车辆的侦察部队在探知敌军防线上的薄弱点后，用无线电台报告给协调整个进攻的指挥部，之后坦克部队开始穿插进攻。无疑，坦克是这种具有突破性战术的主导力量。一旦坦克冲破敌军阵线之后，它们的任务不是就地巩固阵地，也不是确保撤退时的路线，而只是继续向前，一直插入敌人纵深，对敌人的指挥、通讯

从"拖拉机"
到坦克

魏玛共和国早在公开拒绝凡尔赛条约的那些限制条款之前就已在秘密研制其第一种试验型坦克。当时，他们称之为"农用拖拉机"。1933年12月，德国政府与克房伯公司签订合同制造下面展示的P式装甲战车。

P-1型坦克吸收了英国人的设计特点，大小与汽车接近，装甲较薄，火力也较弱。但是这毕竟只是一个开端，希特勒部队最后装备了大约1800辆该型坦克。

与此同时，更为优良的坦克却已经上了流水线。P-IIc型坦克（右上）的设计定型于1935年，它的装甲厚度是P-1型坦克的两倍，并且在可转动的炮塔上装备有一门小型加农炮。

P式装甲侦察车系列（下右）的第一种型号定型于1937年，最初只装备有一挺机枪，早期型号的侦察车在开阔道路上的时速可达48英里。

P-IA 型坦克

号称"P式坦克之父"的这型坦克装有两挺机枪，时速可达23英里。然而P-IA 的装甲只有半英寸厚，因此它在轻武器以上火力的打击下显得十分脆弱。

P-IIc 型坦克

　　P-IIc 型坦克重达 10 吨，几乎是其前种型号的两倍。车内乘员也由 2 名增加到 3 名。炮塔上装备的 20 毫米加农炮以及 7.92 毫米机枪使该型坦克对敌军的轻型坦克构成较大威胁。

P 式装甲侦察车 221 型

　　在这种装甲侦察车低平、开顶的炮塔上装有 1 挺机枪，4 轮驱动及转向功能，使其具有较强的机动性和越野性。

以及补给中心实施打击；同时，反坦克炮将紧随坦克集群，协助坦克打击敌人的装甲目标，并对占领的战地实施防御；在坦克部队向前推进的同时，步兵将乘坐卡车跟随以确保坦克的侧翼不被攻击。这种战术一改以往对敌军前线进行长时间、猛烈打击的做法，对敌人中枢神经系统实施的是一种凌厉的外科手术般的打击，使其顷刻瘫痪。

　　当希特勒高呼"这正是我所需要的！"时，古德里安的好运也就来了。1934年6月，德国正式成立了装甲指挥部，由卢策将军任司令，古德里安为参谋长。

在1934年的军事表演中，摩托化排的士兵正在组装机关枪。这引起了希特勒对于机械化战争模式的兴趣。古德里安（希特勒的左首）同时也向元首展示了陆军部队的第一批装甲车辆、反坦克炮以及P-I型坦克。

到了 1935 年，连级以上的装甲指挥官都配备了可靠耐用的电台。同时，古德里安和卢策也正忙于确定几种新型的坦克以替代略显不足的 P-1 型坦克。它们主要有：P-1 的改进型 P-2 坦克，装备有 20 毫米主炮和更厚一点的装甲；专门用于打击敌人坦克的 P-3，装备有一门 37 毫米火炮；P-4 多用途坦克，装备有一门 75 毫米火炮，最大行程可达 125 英里，用于打击敌人纵深目标。但是这 3 种型号的坦克在近年内都无法装备部队。因此，在有限的资金条件下，他们只好做出折中的选择，将就使用现有型号的坦克。P-1 和 P-2 型坦克的装甲十分薄弱，只能抵抗住轻型武器的火力射击。相比之下，P-3 和 P-4 型坦克的装甲虽然厚一些，但当时法国和英国研制的坦克的装甲比它们都厚。

虽然这些早期的德制坦克从表面看有明显的不足，但它们都装备有设计一流的发动机、传送设备以及履带。该特点使得这些坦克的性能在恶劣的战场环境下更为可靠，也使设计师将来能轻易地在它们的原型上开发更为先进、强大的改进型号。例如，设计师可以确保在坦克机械设备的最高承受强度之下加装更厚的装甲、口径更大的火炮。而且，德国的对手研制出的重型坦克存在着严重的问题。例如，法国 20 世纪 30 年代晚期研制的 Char-B 型坦克虽然号称装甲厚度 4 倍于德国的 P-4，但其 75 毫米火炮却是固定的，而 P-4 的炮塔却可以自如旋转。同时，法国的军事战术研究专家错误地认定，在未来战场上，坦克的重量和火力，而不是速度和协同能力，将发挥决定性作用。1940年春，当德国的坦克集群越过德法边界席卷而至时，法国人在坦克设计和战术上的错误导致了毁灭性的后果。

1935年10月，古德里安改变了他以前参谋的角色，负责指挥新成立的3个装甲师的其中一支，从此开始了他的战地指挥官生涯。当年秋，当古德里安开始以新的

在1935年的野战演练中，纳粹国防军摩托运输部队的新任指挥官古德里安上校（右）正与部下交谈。古德里安坚持主张坦克不应分散开支援步兵进攻，而应该汇集一处组成装甲师。

在波茨坦——皇帝们的官邸和普鲁士军国主义温床所在地——举行的阅兵式上，一个新组建的步兵团向国防部长勃洛姆堡敬礼。始于1935年的21岁兵役制使德国的武装力量增加到30万人。

战争模式训练他的新部队时，数以万计的其他德国军官却不得不执行一项平淡乏味的任务——为希特勒在3月公开宣布的德国扩军计划训练刚入伍的新兵。希特勒所规定的目标——36个编制为1万人的师——正好是那些高级将领一直极力要求的部队规模，他们设想的是在1938年或1939年实现这个目标，而希特勒却要求他们在1936年初完成。为了能在期限内完成任务，这些指挥官们只好用最常规的方法训练新兵，根本谈不上那些新颖的战术训练。事实上，数以万计的新兵确实需要最基本的训练，而且是大量的训练。

希特勒这一突然的扩军计划加重了陆军军官团的压

力。陆军已经被迫缩短了候补军官的训练时间，而现在他们又将一些已经退休的军官重新召回部队，以充实领导和技术岗位。同时，数千名冲锋队、盖世太保等军警也被吸收入部队。然而许多新近加入部队的军官中很少有人具备老国防军军官的贵族传统，而这一传统有利于在希特勒的纳粹国防军中建立更为融洽的官兵关系。

当德国陆军开始仓促上阵，去应付大批新兵的训练任务时，他们的中坚力量是那些数量充足受过严格训练的军士。在塞克特将军挑选出的10万精锐部队中，列兵对专业的精通程度同敌对国军队的中士和下士一样高。因此，当德国扩军时，这些精锐列兵的能力早已超出了晋升军士所需的水平，而那些新近入伍的士兵就是由他们训练合格，使德国军队成为世界上最为训练有素的部队之一。

但是，扩军首先造成的一个影响是使以往存在的精锐部队解体。例如，当时一个团编制下的几个营被分解，重新组成两个或更多的新团。这项工作烦琐而艰巨，远远不能在希特勒所规定的时间表内完成。因此，当希特勒在1936年初制定占领莱茵兰地区的作战计划时，纳粹德国已经做好战斗准备的团的数量难以与邻国法国的军事力量相抗衡。虽然德国的兵工厂夜以继日地加紧生产，以满足部队对装甲车辆的需求，但由古德里安和同事们训练的特种装甲部队仍然可悲地面临着装备不足的困境。

图为德军的 4 名高级指挥官——（从左至右）国防部长勃洛姆堡、陆军司令弗立契、空军司令戈林以及海军上将埃里希·雷德尔在柏林检阅部队。

如果说在大战前夕，希特勒难以有理由对他的陆军或空军力量充满信心的话，那么他更不会把希望寄托在德国的海军身上，因为在凡尔赛条约中，德国海军是被束缚得最严的军种。尽管如此，和其他军种一样，海军复兴的计划也在付诸实施。而一位曾在一战中有过痛苦教训的潜艇指挥官的思想将对这场变革产生最为重大的影响。

对于海军上尉卡尔·邓尼兹来说，第一次世界大战早在停战协议生效的两个月前就已经结束，而这将对二战产生深远的影响。1918 年 9 月，刚被任命为潜艇艇

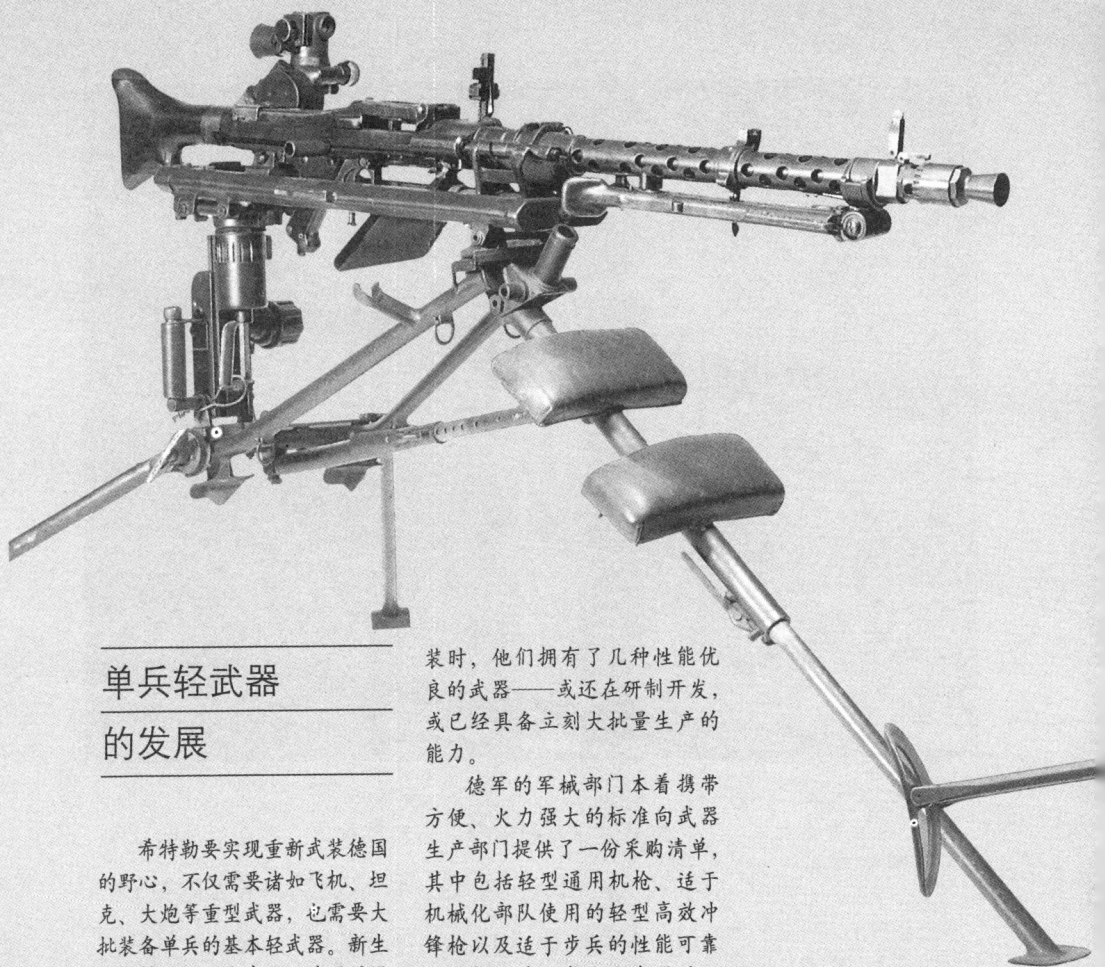

单兵轻武器
的发展

希特勒要实现重新武装德国的野心，不仅需要诸如飞机、坦克、大炮等重型武器，已需要大批装备单兵的基本轻武器。新生的纳粹军队十分幸运，德国的军火制造商一直在绕开凡尔赛条约进行秘密设计。到了德国重新武装时，他们拥有了几种性能优良的武器——或还在研制开发，或已经具备立刻大批量生产的能力。

德军的军械部门本着携带方便、火力强大的标准向武器生产部门提供了一份采购清单，其中包括轻型通用机枪、适于机械化部队使用的轻型高效冲锋枪以及适于步兵的性能可靠的步枪。对所有这些武器的一个共同要求就是造价低廉、能够迅速投入生产。

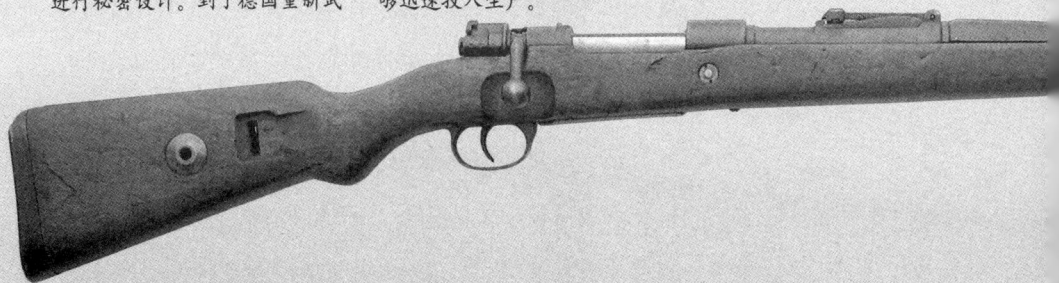

MG-34 型机枪

为了制造出性能优良的武器，毛瑟公司曾经秘密在瑞士对这种优秀的空气冷却型机枪进行改良。这种机枪重量只有 26.5 磅，可由单兵携带并射击，由另外 1 到 2 名士兵携带弹药。这种机枪还装有瞄准镜，并可装配在三角架上用于阵地攻防和防空。这种 7.92 毫米的 MG-34 型机枪既可以用子弹带也可以用 75 发装弹匣进行射击，射速为每秒 15 发。尽管其造价昂贵，但德国陆军还是于 1934 年开始装备部队。

瓦尔特 - HP 型自动手枪

瓦尔特 - HP 型是瓦芬法布瑞克·瓦尔特的产品。由于 HP 型手枪的机器生产和手工装配的费用较低，所以它取代了先前一种性能可靠但造价昂贵的 P-08 型卢格手枪。双重抠动的扳机是该型手枪技术上的一大革新，这使其在一发子弹上膛的情况下能够安全地携带。这种手枪在装备部队时的正式型号为 P-38，用的是陆军 9 毫米标准子弹。

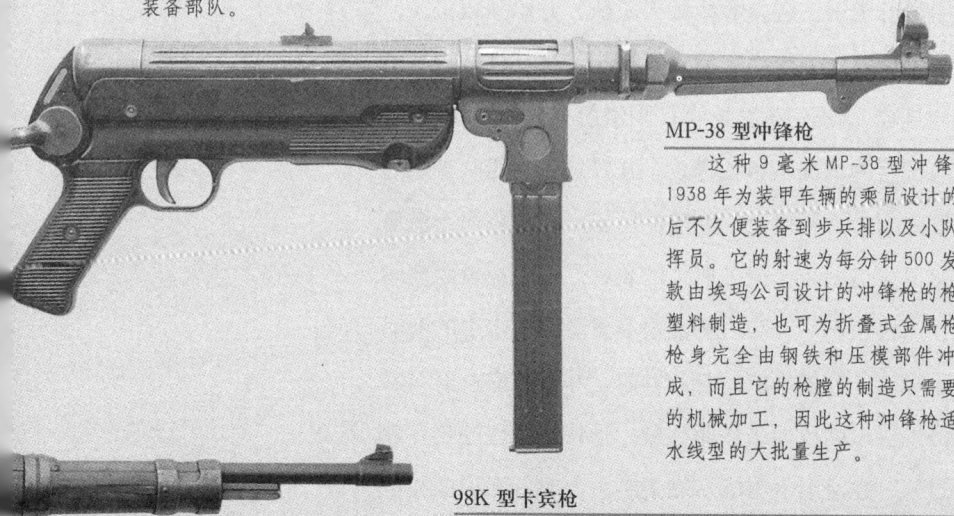

MP-38 型冲锋枪

这种 9 毫米 MP-38 型冲锋枪是 1938 年为装甲车辆的乘员设计的，随后不久便装备到步兵排以及小队的指挥员。它的射速为每分钟 500 发。该款由埃玛公司设计的冲锋枪的枪托为塑料制造，也可为折叠式金属枪托。枪身完全由钢铁和压模部件冲压而成，而且它的枪膛的制造只需要很少的机械加工，因此这种冲锋枪适合流水线型的大批量生产。

98K 型卡宾枪

毛瑟步枪是德国军队的基本步兵武器。在 20 世纪 20 年代，国防军的武器设计师将 1898 型卡宾枪改短后重新命名为 98K 型，并于 1935 年装备部队。与其一战时的原型枪相比，98K 更轻便，易于携带，并保留了毛瑟枪结构牢固的枪栓设计，使用 7.92 毫米子弹，一梭子弹量为 5 发。其枪托上的附加洞口使枪平时能够锁在储藏架上。

长的邓尼兹与另一位 U 型潜艇的指挥官协商，准备在马耳它海附近对一个通过苏伊士运河西去的英国船队发动攻击。邓尼兹

图为一战期间的一次战斗巡逻中，卡尔·邓尼兹，德国潜艇部队未来的指挥官，站在 U-39 型潜艇的指挥塔上观察海面情况。

的计划与众不同。对于 U 型潜艇而言，其正常的作战战术是分开疏散，各自寻找敌人船队，并单独攻击。

但情况发生了变化，另一只潜艇发生了机械故障不能参与进攻。于是，邓尼兹的 U 型潜艇只好和以往一样，在没有配合的情况下单独进攻。在躲过了为船队护航的驱逐舰之后，潜艇接近了商船的队伍。邓尼兹命令潜艇浮出水面，借助夜幕掩护艇体的轮廓。当他在近距离内发射了一枚鱼雷后，敌人仍然没有发觉。被击中的商船发生了爆炸并开始下沉，与此同时，邓尼兹命令潜艇紧急下潜以躲过闻风而来的驱逐舰。很快，其他的驱逐舰开了过来，在潜艇上方的水域集结。此时，邓尼兹和他的手下紧张地等待着敌人深水炸弹的攻击，但奇怪的是敌人一枚也没有发射。原来，邓尼兹的潜艇离整个船队太近，以至于敌人无法保证在不危及商船的条件下发动进攻。在混乱之中，邓尼兹的潜艇安全驶离这片海域。

这是一次成功的偷袭，于是邓尼兹决定再来一次。在天刚破晓之时，他命令潜艇下潜，又一次接近船队，并准备发射鱼雷。就在此时，他的潜艇突然发生倾斜，并笔直地朝海底插了下去。原来，这种潜艇在设计上存在着缺陷：潜艇的纵梁缺乏稳定性，潜艇的制造者虽然试图解决，但并未取得完全成功。

在万分紧急的情况下，邓尼兹命令用高压空气排出潜艇水箱中的水以产生最大的浮力。同时，他又下令螺旋桨向后全速运转，以从尾部加力使潜艇恢复平衡，避免迅速增大的水压将艇身挤破。终于，潜艇停止了下沉，此时下潜的深度已超过最大额定深度整整 100 英尺。随后，潜艇摇晃着浮出水面。"当时就像一根浸在水里的棍子突然被放开，"邓尼兹回忆道，"潜艇急速向上，轰然冲出水面。我拉开指挥塔舱门，慌张地向四周扫了一圈。此时天已大亮，我发现我们竟然就在船队的中间。所有的船，无论驱逐舰还是商船，都在打着旗语，警报四处作响。"几分钟内，这艘 U 型潜艇已经被驱逐舰团团包围，艇身上满是弹眼，并开始下沉。此时，邓尼兹不得不下令全体弃船。

接下来的 9 个月，邓尼兹是在英国的战俘营中度过的。在那里，他仔细反思了最后一次攻击行动以及整个潜艇作战的教训。邓尼兹真正担心的不是那些导致他 U 型潜艇惨遭厄运的机械故障，因为那是工程师们的事。作为一名指挥官，邓尼兹考虑的是潜艇战术上的问题——单个潜艇在攻击防守严密的船队时所处的悬殊劣势。在一战期间，协约国已经研究出了一套完整的船队策略以对付德国 U 型潜艇的威胁。而在邓尼兹看来，德国的潜艇战术，即 U 型潜艇继续单独或成对在航线上游弋，已被证明无法适应这种挑战。

邓尼兹深知，一艘 U 型潜艇能够发现船队，多数情况是出于偶然。同时，通讯电台并不多见且性能不佳，加之潜艇速度缓慢、航行范围有限。在此条件下，一艘 U 型潜艇最佳的战术就是潜藏在航线的某个地方，等待着船队能够出现。当船队驶来，潜艇就尽其可能发动进攻。"单个的潜艇可以击沉一至两艘商船甚至更多。"邓尼兹写道，"但这种情况所占比例太少。"那么，如果解决这个问题？邓尼兹的方案是，潜艇应该像狼群一样群起而攻之。"因此，面对着船队中众多的商船，"邓尼兹推论，"唯一正确的战术就是让所有的潜艇同时参与进攻。"

但是，如何在当时落后的侦察和通讯条件下将这种战术付诸实施，是邓尼兹在狱中百思不得其解的问题，他只能把希望寄托于自己回到德国之后。1919 年 7 月，邓尼兹被遣返回国。他继续留在了战后德国小规模的海军里，因为他确信，德国总有一天会用新型潜艇取代那些交给协约国的 U 型潜艇。

但是，邓尼兹需要等待的时间将远远长于他当时所认为的。因为，凡尔赛条约委员会对德国海军的限制要

比对其他任何军种严格得多。水面舰队的规模被削减到
36 艘：6 艘战列舰、6 艘巡洋舰、12 艘驱逐舰和 12 艘
鱼雷艇。同时，条约委员会禁止德国生产任何舰艇。虽
然海军也曾说服过政府不顾条约限制为建造新的战舰或
U 型潜艇秘密拨款，但是像造船这样大规模的建造项目
事实上是不可能逃过协约国监察员的眼睛的。

尽管如此，在希特勒上台之前，海军倒确实采取了
一次成功的行动加强了它的水面舰艇部队。1922 年，
美国、英国、意大利、法国和日本签订了"华盛顿海
军公约"，一致同意将战列舰和巡洋舰的排水量限制
在 35000 和 8000 吨之下。1925 年，德国也被允许更新
它过时的战列舰，但必须将舰只的排水量限制在微不足
道的 10000 吨。德国的设计师趁此机会开发出了所谓的
"袖珍战列舰"。"德意志"号就是这个系列制造的第
一艘。该舰于 1931 年 3 月下水，装备有 6 门威力强大
的 11.14 英寸舰炮，能够在敌人巡洋舰火炮的射程之外
对敌实施打击。而且"德意志"号速度很快，足以躲过
敌人其他大型战列舰的猛烈火力。

与此同时，克虏伯的工程师们通过克虏伯在荷兰的
控股公司 IVS，为外国设计并建造新型潜艇。这一秘密
的计划不仅使德国的工程师能够站在潜艇发展的最前
沿，而且德国的指挥官和水手还可以利用潜艇交货前的
试航进行实际操纵。由于克虏伯公司这方面的军火交易，
它便可以从国外的制船厂家得到柴油机、潜望镜以及其

铁 拳

他 U 型潜艇上所需的核心部件。这些部件都存放在德国主要军港——基尔，只等凡尔赛条约限制解除的那一天。

1935 年 6 月 30 日，舰旗猎猎的"斯比伯爵号"（左）缓缓滑出北海的威廉港下水。袖珍型战舰"斯比伯爵号"装有 6 门 11 英寸舰炮，最高航速为每小时 28 节。

1934 年希特勒决定秘密建造潜艇后，德国人重新武装海军的计划得到了极大的推动。此后不久，对该计划的保密要求也被解除。因为在 1935 年 6 月，也就是德国宣布单方面废除凡尔赛条约的 3 个月后，希特勒做出了一个更为明目张胆的举动：与英国签订一项明显有利于纳粹的关于重新确立德国海军规模的协议。为了显示对英国的友好，希特勒提出德国海军的规模将保持在英国舰队的 35%，而潜艇的数量限制在英国总数的 45%。而英国正忙于应付来自日本海军的威胁，所以对此它欣然接受，认为与德国签订的这项协议将限制希特勒的扩军计划，能够确保将来的和平。但事实上，这项协议根本不是对德国当时小规模海军的限制，相反它是一个只有通过疯狂的造舰行动才能实现的目标。

虽然德国海军得到了扩张的"执照"，但它却面临着一些困难的选择。如果从建造航空母舰开始着手的话，那显然是难以展开的，因为海军航空兵的发展计划只由戈林主管的空军负责。同时，由于人们为安装何种动力装置而争论不休，所以建造新的重型战列舰和巡洋舰的

计划不得不推后。只有在建造潜艇方面，海军很快取得了进展。由于希特勒早在 1934 年就决定继续建造 U 型潜艇，所以仅在英德海军协议签署的两天后，第一艘新潜艇就在基尔军港下水。到了该年年底，德国海军中共有 14 艘潜艇服役，大部分是 250 吨级的小型潜艇。

此刻，对潜艇水手的训练开始被提上议事日程。负责此事的海军上将埃里希·雷德尔看中了一个为此机会苦苦等待了 16 年的人，此人就是卡尔·邓尼兹。战争

1935 年，德国海军的首批 4 艘 U 型新式武器在科隆港秘密编入现役。这种 IIA 型潜艇的排水量只有 250 吨，因此在水面航行时并不十分平稳，船员称之为"独木舟"。

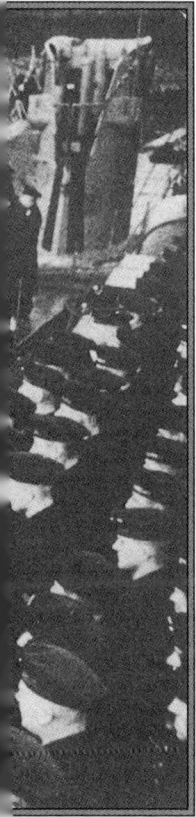

结束之后，邓尼兹曾指挥过驱逐舰、驱逐舰队以及巡洋舰，在那里他获得了"指挥 U 型潜艇得不到的其他重要的指挥经验"。现在，他怀着满腔热情重操旧业。"无论是身躯还是灵魂，"邓尼兹之后写道，"我又一次成了一名潜艇兵。"

虽然邓尼兹为那些受训艇员们的热情和决心欢欣鼓舞，但他们如果想要胜任邓尼兹所期望的那些工作确实还要付出很多努力。邓尼兹确信，在今后无论何种规模的战争中，德国的敌人都会像一战中那样很好地使用他们的船队。因此，像古德里安的坦克一样，邓尼兹希望为他的潜艇装备最新式的通讯电台以便协调好众多潜艇发动集体进攻。一旦这种设备到位，他的进一步计划是确定一艘指挥潜艇以领导每一个潜艇小组——也就是日后为人所知的"狼群"。为了避免一战中 U 型潜艇出击时漫无目的的等待和游弋，邓尼兹想出的办法是出动大批的侦察机并发现船队，之后将结果向"狼群"的首领报告。

但无论其他情况如何，邓尼兹需要的是更多的 U 型潜艇。1936 年，更大的 500 吨级 U 型潜艇的建造计划已开始付诸实施，但是由于短缺建造用的船坞和原材料，该计划进展缓慢。当时，德国海军潜艇的规模以平均每月少于 2 艘的速度增加，这对于邓尼兹来说是一个令人沮丧的数字，因为他一直把拥有庞大商船船队的英国视为不可避免的敌人。

在清楚地表达出他们扩军备战的急迫要求时，邓尼兹成为德国各军种中进行强烈呼吁人士中的一员。虽然德国对大规模扩军备战还心怀担忧，但是到了1936年初，德国在重新武装其陆海空三军的事业上取得了重大进展，并将马上发生令人惊讶的突破。在德国，技术革新和新型战术思想的结合，对德国战争机器的膨胀起到了强劲的推动作用，这是其他任何国家都望尘莫及的。如果协约国对这一进程仍然放任自流，那么在几年之内，德国的最高统帅部将会把它们的工作重点从策划对帝国边境的防御转到密谋对邻国实施侵略扩张。

正是德国巨大的军事潜力——现在对整个欧洲来说已非常明确——才使希特勒重新占领莱茵兰的计划既充满危险和挑战，又充满机遇和收获。希特勒想要得到的不仅仅是确保德国工业核心地区的安全，他更想借此赢得对法国和英国心理上的胜利。如果按希特勒所设想的，这些强国没有对德军占领莱茵兰做出反应，那么他认为德国将会在没有障碍的条件下完成其扩军备战计划。但是，正如国防部长勃洛姆堡所担心的那样，如果协约国对德国的这些重大举措认真对待并加以反对的话，那德国16年来取得的这些来之不易的成果可能会在一场迅速、痛苦的战争中化为乌有。在这场决定命运的赌博即将开始之际，即使是一向乐观自信的戈林都坐立不安，忧心忡忡地对希特勒说："英国和法国会大兵压境，像拍死苍蝇一样把我们击败。"这番话在当时德

1936年3月，主要由小型岸防舰艇组成的德国水面舰队正在波罗的海海域通过希特勒的旗舰接受检阅。尽管已有数艘新舰正在建造中，但海军仍然是被德国忽视的军种。希特勒曾

说："我无法想象一场欧洲战争会因为几艘军舰而陷入相持的境地。"

国扩军前途未卜的情况下应该说是一个理性的结论。但是，希特勒对这些犹豫不决的推断却丝毫不感兴趣，而且他冷冰冰的回答最后证明是正确的。"不，"他说，"如果我们能嗡嗡叫响的话。"

山雨欲来
风满楼

　　1934年初，在一年一度的纽伦堡纳粹党大会结束之时，希特勒进行了一场规模浩大的军事演习，向世人展示曾经严格保密的重新武装德国的计划。第一个德国武装部队日这天，纳粹首先向聚集在齐柏林广场的外国观众和本国群众展示了他们的军事力量。当时在场的美国记者威廉·L.夏勒是这样描述的："当德国观众看到他们的士兵进行操练，听到枪炮射击的轰鸣，闻到硝烟的气味时，他们的狂热情绪是难以形容的。"

　　接下来的几年，武装部队日成为展示新型武器和飞机的时机，给人的印象越来越深刻。1937年，当人们拍摄下本页以及后面几页的照片时，武装部队日的军事表演就带上了几分箭在弦上、待势而发的紧张气氛：德国的部队已经在西班牙介入了一场真正的战争，希特勒扩军好战的本性越来越明显。9月11日，武装部队日演习的前两天，元首在纽伦堡向雨中站立的希特勒青年团发表演讲，要求他们"不仅仅为阳光灿烂的日子准备，而且要准备面临狂风暴雨的时刻……准备忘我和牺牲"。9月13日这天，天空虽然重新放晴，但齐柏林广场喧嚣的枪炮声、天上飞机的轰鸣声加重了希特勒富有深意预言的分量。

　　但是，在那些眼光敏锐的人看来，武装部队日的演练表明德国尚未完全做好战争准备。机枪分队还在使用已被淘汰的装备，飞行表演中还有那些早已过时的双翼飞机中队。尽管如此，德国的敌人也存在着类似的不足，而他们远远没有像德国人那样准备去加以完善。无论如何，外国观众有理由对这种5万人参加的军事演练表示不安。"我们今天看到的这些德国军队和平时期的建制可能只是它战时力量的二十分之一，"《纽约时报》的记者这样写道，"如果这些部队是整个德国军队的代表，那么它所体现出的实力是其他所有欧洲国家难以匹敌的。"

1937年的武装部队日上，希特勒由国防部长勃洛姆堡陪同接见陆

军司令弗立契（握手者）、空军司令戈林以及海军上将雷德尔（最右首）。
装备克虏伯汽车的德国空军防空团在纽伦堡阅兵式上接受检阅。

装备欠佳的
实战演习

图为武装部队日的实战表演中，在 P-l 型坦克的支援下的攻方士兵对守方士兵阵地发动冲击，大部分防守士兵已经倒地。只装有一挺机枪的 P-l 型坦克在西班牙阻击苏联装甲部队的战斗中毫无用处。

德军士兵快速行进以铺设地雷。他们将地雷埋在几英寸的地下，并由感应触片和绊线触发引爆。

部队在烟雾弹和模拟炮火的轰击下匍匐前进。

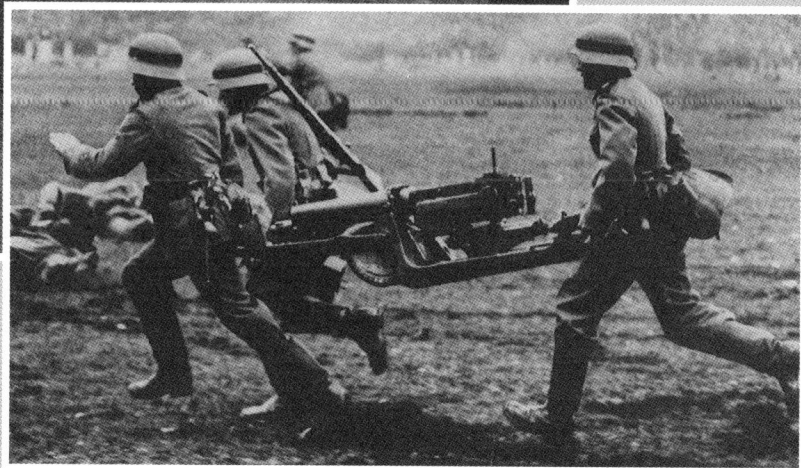

机枪分队抬着一战时期的老式马克沁重机枪奔向阵地。到了1937年，德国的军工部门已经生产出了轻型机枪以取代这种笨重的武器。

防空武器

在模拟防空对抗中,克虏伯研制的88毫米高射炮用空包弹向飞临的德空军分队射击。在西班牙的德军指挥官又发现,用这种高射炮对敌人坦克平射有意想不到的效果。

37毫米高射炮分队正向低空飞行的 He 123 双翼飞机开火。这种老式的双翼飞机不久便退出了现役,但该型速射高射炮却在即将到来的战争中广泛使用。

　　Do 17型轰炸机编队飞过纽伦堡的观礼台，这是由450架飞机组成的飞行表演中的一部分。人们把这次表演形容成"大群乌鸦归巢"。Do 17飞机原本是依照运输机设计，但在后来的一段时间里却被改装成了中程轰炸机。

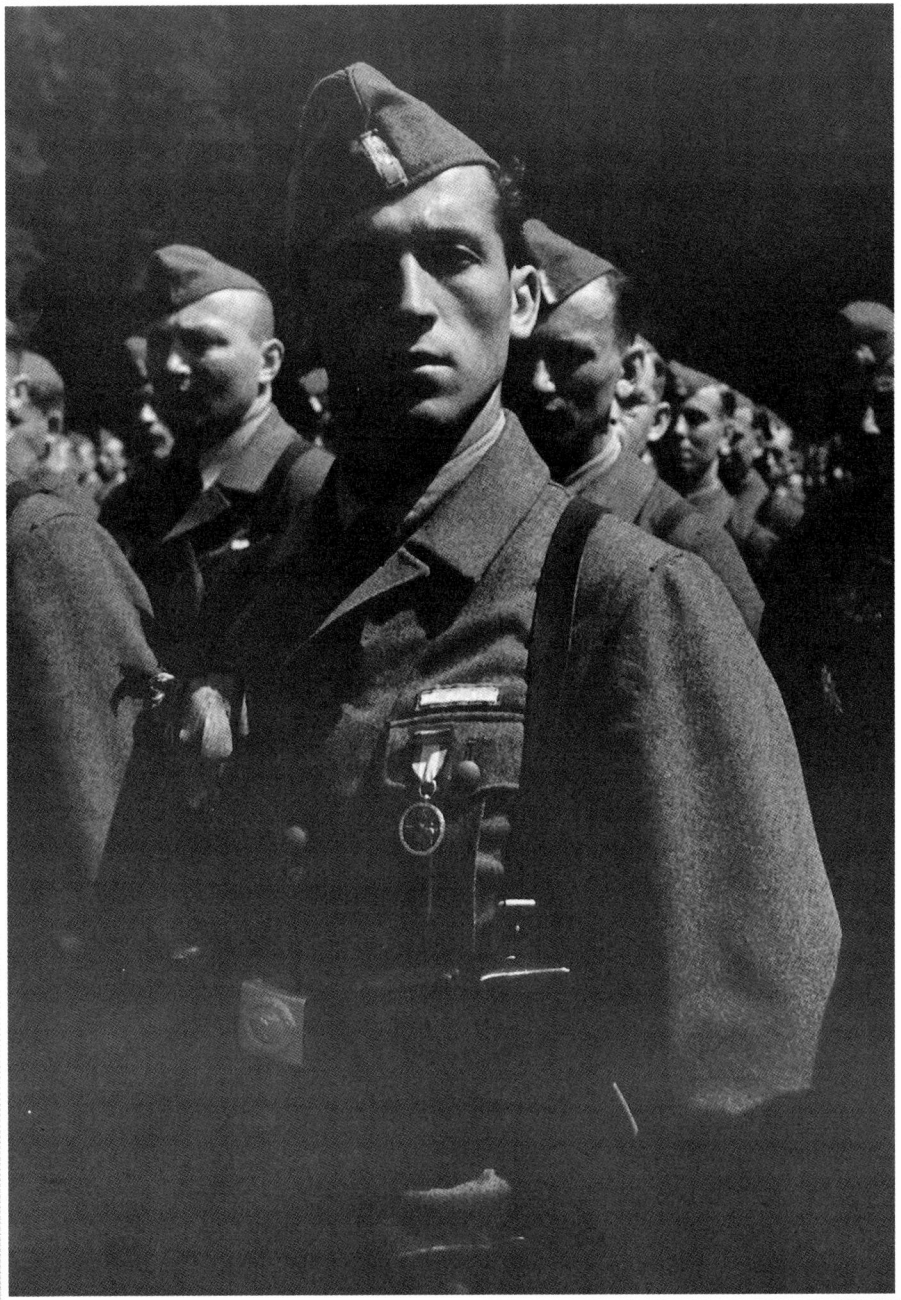

4. 闪电战大演习

1936 年 3 月 7 日正午时分，一身戎装的阿道夫·希特勒步入柏林的克罗尔歌剧院，走上讲台。台下听众是德国的傀儡国会。元首对着面前的600 名议员开始发表演说。一开始他讲得慢条斯理，几乎有点结巴。他谈起热爱和平的德国人民心怀美好愿望，却受到世界强国的胁迫，这简直是严重的背叛，谈到协约国出于报复强加在德国人民头上的屈辱条约，谈到来自共产主义苏联的威胁。随后，他语气一转，声音高亢，饱含激情的话喷涌而出："我决不让可怕的充满仇恨的共产国际独裁降临到德国人民头上！"元首挥舞双手，大声叫喊。议员们欢呼着站了起来。

元首示意台下安静，继续他的演说。共产主义是个近在咫尺的新危险：苏联和法国签订了防务条约，而德国在德法边境没有一兵一卒。在座的议员都知道国际法令禁止德国在西部边境非军事化的莱茵兰地区驻军。然后，希特勒扔出他的重磅炸弹。"为了捍卫德国人民拥有边疆国土的基本权利，"他宣布。"从今天起，德国政府将在这片非军事化地区重新全面行使帝国的绝对主权。"

议员们又跳了起来，呼声震天。希特勒举手示意

一名参加了西班牙内战的德国老兵胸前一边戴着鲜花，一边别着战斗勋章。他正在参加 1939 年庆祝德国"秃鹰军团"凯旋的盛大仪式。

安静。"德意志国会的议员们，"他说，"此时此刻，在帝国西部，德意志的军队正迈向他们未来的和平年代的驻地。我们信守两条誓言。第一，为了重新赢得民族的荣誉，我们发誓决不向任何力量屈服。第二，我们将比以往任何时候努力加深同欧洲各民族的理解。我们没有任何领土要求！德国永远不会破坏和平！"

这是一场令人震惊的表演。在"我们必胜！"的欢呼声中，希特勒大汗淋漓，筋疲力尽地走下讲台，嘴角露出一丝满意的微笑。冒着受西欧国家报复的危险，德国军队开入莱茵兰。

对大多数莱茵兰居民而言，武装部队的到来值得隆重庆祝。戴着钢盔的军队每过一城，市民们涌上街头迎接。他们又跳又叫，唱着爱国歌曲。在自发举行的仪式上，年轻姑娘给军官捧上红色康乃馨。科隆市一位去教堂的绅士听说军队来了，立即调头向大广场走去，还说："我要请第一个和我握手的士兵开怀畅饮。像1914年我当兵时的那次痛饮——今天我要陪他一醉方休。希特勒万岁！"法兰克福、亚琛、杜塞尔多夫和可布林斯的情形与此相同 ——到处都洋溢着爱国主义的激情。

不过，并非所有的德国人都对进军莱茵兰欣喜若狂。对此怀有疑虑的人当中有一些是陆军的高级将领。他们非常清楚军队尽管近来扩编不少，仍远远不具备和大国交战的实力。1936年，德国至多有25个满员师；法国却能动员100多个师。此外，德军还缺乏一些必要

1936年3月7日，当德国骑兵在插满纳粹旗帜的街道上行进时，一名微笑的妇女向他们献花。就在当天，希特勒不顾西部邻国的反对，重新在莱茵兰地区驻军。

装备。莱茵兰行动的策划者注意到国家的这些弱点，极力压低声势，避免对法国领土形成任何威胁，希望以此防止对方兵戎相见。参加行动的3万官兵中只有3个营——大概总共3000人——到达莱茵河对岸的法国边境，而且只携带了步枪和机关枪，没有坦克大炮随行支援。由于相同的原因，拥有4个战斗机中队的空军只派2个中队参加行动。德军如此小心翼翼，表明如果法国予以反击，莱茵兰的德军将不堪一击。正如德国国内防务总长阿尔弗雷德·约德尔上校后来承认的那样，"考虑到我们当时的形势，占绝对优势的法军本可以把我们打得粉碎。"

德国高层指挥一直担心法国会做出这个反应，因为英法两国都宣布维护确定莱茵兰地区中立地位的《洛迦诺条约》。德国将领明白有朝一日他们要占领该地区，却一直耐着性子等到实力达到最强。一年前，国防部长维尔纳·冯·勃洛姆堡已经起草了战斗方案，以备不测。他非常担心泄露消息，就亲自手写一份，不印发副本，并希望这个方案最好不执行。

1936 年 2 月初，勃洛姆堡在巴伐利亚出席冬季奥运会期间，希特勒召见陆军总司令维尔纳·冯·弗立契将军。他宣布进军莱茵兰的时机来了。弗立契赞同希特勒的观点，但主张谨慎行事，以免和协约国冲突交战——希特勒原则上接受这个意见。但弗立契怀疑这场即使有限的冒险并不可行，力劝希特勒放弃行动。但元首决心已定。2 月底，勃洛姆堡回到柏林后，奉命在一星期内动员好陆军，准备开赴莱茵兰。

国防部长虽然明白不能这样冒险，但只能奉命行事。行动计划叫作"冬季演习"。一位参谋回忆说国防部的紧张气氛好像"在轮盘赌桌上某个玩家孤注一掷时的情景"。3 月 7 日的这场赌博开始看起来不大可能成功。针对德国的突然行动，法国马上派遣 13 个师增援已驻有重兵的马其诺防线。德国驻伦敦大使馆预测爆发战争的可能性为 50%。勃洛姆堡心急如焚地关注着局势，不停叫希特勒的副官通报要求元首接见面谈。在弗立契的支持下，他给希特勒发电报，请求撤走莱茵河对岸的3个营。3月9日，两人碰面时，勃洛姆堡已平静一些，但希特勒仍认为他像个"歇斯底里的女人"。事实上，元首自己也流露出紧张的情绪。他在帝国总理办公室里踱来踱去，连珠炮似的发问，一遍一遍重新下令。"进军后的48小时，"他后来承认，"是我一生最紧张的时刻。"

时间一天天过去，德军在新兵营里安顿下来，紧张的局势开始降温。受国内政治问题困扰的法国一方面不敢肯定发生危机时能否得到英国的支持，另一方面被夸大其词报道德军实力的消息误导，竟放过了希特勒。冒险成功的希特勒欣喜若狂，决定加快重新武装的步伐。

加快扩军备战要达到的目标是使德国有能力对付不止一条战线的敌人，德国在一战的痛苦回忆使这个问题备受关注，因此要在防御能力薄弱的边境修筑工事，更大规模地扩军。德国在法国和比利时交界处修筑了一系列堡垒和其他防御工事——这是对抗马其诺防线的德国西部防线，和波兰接壤的边境也加强了设防。1935年计划把陆军扩充到36个师，现在已增加到44个师，总共将近80万官兵。扩编后的陆军包括海因兹·古德里安和同事们训练的3个装甲师，36个步兵师，其中4个为摩托化步兵师；其余是所谓的轻型师，步兵加装甲车协同作战——这是陆军的保守派提出的有别于坦克战的作战模式。德国男子的义务服役期从 1 年延长到 2 年。将军们认为 1941 年初可能爆发全面战争，预备役的加入可以使受过训练的士兵人数达到 360 万。大笔大笔的资金流向这场扩军备战。

面对源源不断的人力和资金，将军们没什么可抱怨的。然而不久竟出现了消化不良的奇怪现象——财富过多导致瓶颈效应，效率低下。负责陆军近期扩编事务的弗立契遇到许多麻烦，他说元首的新规划"急功近利，破坏了事务的正常发展"。

弗立契遇到了扩军过程中一直困扰军队的问题——缺乏训练有素的军官。尽管从士兵中提拔人才，从国家军事化的警察队伍中发现了一些合适人选，军官的数量仍然供不应求。20 世纪 20 年代，陆军官兵比例保持在一个适当的数字 1：14；现在一个军官要管理 38 名士兵。就算保持这个比例，也得马上任命 25000 名新军官。同时，对任何动员计划都至关重要的后备役部队只有为数很少的合格军官，士兵只能草草训练 3 个月。

同样使弗立契寝食不安的是随着军队不断壮大，传统的军事价值观不知不觉地消失了。1933 年之前，军人被明令禁止介入政治，现在纳粹的思想渗入德国整个社会氛围。许多新兵轻率地接受纳粹思想，其中一些人——包括许多前冲锋队成员——对打架斗殴更感兴趣，根本不理会纳粹主义中有争议的观点。几乎每支部队都有一批党的活跃分子和莱因哈德·海德里希的党卫队保安处派遣的间谍。把他们安插进来是为了削弱老派军官的权威以及他们继承的军事纪律和超然政治的观念。弗立契的思想深受历史悠久的普鲁士传统的熏陶，对他而言，军队的新面目不能更令人反感了。

尽管不情愿，弗立契却不得不奉命壮大军队实力。生性保守的他对希特勒热衷的摩托化部队不感兴趣。他希望花费不多，有条不紊地建设每支部队，这令帝国领袖失去了耐心。希特勒经常责怪"军队的胃口太小……今天要 10 门榴弹炮，明天要 2 门迫击炮，等等"。弗立契对他的文官上司也很不屑。"我戴上单片眼镜，"他说，"见了谁都可以不动声色，尤其是见了那个人。"

武器、车辆和燃料长期供应不足使弗立契的工作难上加难。具有讽刺意味的是，这些物资匮乏出现在德国人民正享有几十年未遇的繁荣的时期。问题的部分原因正在于此。军火商不得不同新兴的民用企业争夺德国有限的自然资源。

即使最漫不经心的来访者也能看到纳粹德国繁荣昌盛的外在表现。到处都在建设。新修的高速公路连接起各个城市，工厂的大烟囱滚滚冒烟，工业生产一天天向前发展。国民总收入在 4 年内将近翻了一番，失业人数从 600 万降到区区 100 万。然而复兴中的企业和工人却不能随时买到需要的商品。纳粹党多次重申重视农业，农产品产量还是减少了。1935 到 1936 年冬天粮食短缺，引起社会广泛不满。对重新武装更不利的是德国依赖外国厂商供应主要工业原料，如炼钢不可缺少的铁矿石；实际上德国的铁矿石全部依赖进口，大部分从瑞典进口，而国家根本买不起这么多矿石来满足全部需要。合成油从Ｉ.Ｇ.法本工厂源源流出，产量比以前提高许多，但价格仍是天然精炼油的5倍，还需从苏联、美国和南美购进大量原油。

　　对进口原料的依赖破坏了德国的收支平衡。由于花费大量资金购买外国康采恩的产品，国家的私人资本越来越少，常用的国际信贷来源枯竭了。负责处理这个危机的是经济部长亚尔马·沙赫特，此人具有操纵财政的天才。1935年5月，沙赫特兼任帝国战时经济总代表，负责处理棘手问题，协调武装部队和国家经济总体需求之间的矛盾。神奇的"米福券"仍然在公开预算之外资助军火商，一些工厂还得到其他形式的政府资助。为了保持收支平衡，沙赫特要求所有进口商向经济部申请许可证，以便使政府能够限制重要商品的进口。沙赫特还通过物物交易用德国的主要自然资源煤和工业品交换所需物资。

　　沙赫特尽管财政手段不少，但仍是个保守主义者。他明白政府如果挥霍无度，可能导致10年前那样严重的通货膨胀。希特勒也很警惕通货膨胀的危害，注意到沙赫特的提醒，但又不乐意限制他向往的扩军备战计划。财政谨慎从来就不是纳粹纲领的重点，沙赫特减少

乘坐容-52型飞机抵达布达佩斯的德国金融专家亚尔马·沙赫特（中）与匈牙利国家银行行长握手。沙赫特 20 世纪 30 年代中期的这次欧洲之行签署了一系列贸易协定，为希特勒重新武装德国提供了资金。

经费支出的努力遭到纳粹党领袖的嘲笑。一次，他批评党大手大脚用外汇资助费用不菲的海外宣传活动，别人都把他的话当耳旁风。在种种努力不见效的情况下，沙赫特于 1936 年夏面见希特勒要求辞去负责外汇兑换和商品进口的职务，并建议赫尔曼·戈林接管这些事务。沙赫特也许认为空军司令会凭借他的影响制止党挥霍无度的作风。如果这样想，他就错了。随着戈林的经济控制权日渐加强，军费开支也飞涨起来。从 1935 年的 55 亿马克增加到 1936 年的近 100 亿——整整占国民生产总值的 15%。

1936年在纽伦堡召开的纳粹全国党代表大会中，希特勒率领着身着军装的随从迈上通向巨型讲坛的台阶。在向众多与会者发表的演说中，这位独裁者宣布了他重新武装德国并进行工业动员的庞大计划。

1936 年 9 月，戈林又接受一项任命——全权负责希特勒在纽伦堡纳粹年度大会上宣布的"4 年备战计划"。10 月，元首在给戈林的备忘录中详细阐明了计划。他说国际共产主义的威胁越来越严重，德国很快要担当起保卫欧洲免受共产党危害的任务。必须确保可靠的原料来源，必要的话可以占领原料产地。必须为增长的德国人口开拓新的生存空间，供他们吃住。要储存原料，提高国内生产，在 4 年内使军队完成备战的第一阶段。

德国从此开始实行战时经济计划，戈林和他的亲信逐渐牢牢控制了贸易、生产和国民经济的其他许多方面。就任新职不久，戈林向许多工业家和政府官员阐述了他的计划。他说利润最大化这个经年不变的资本主义目标现在必须服从军事和政治需要。"重整军备计划不能有任何束缚，"戈林接着说，"因为在我们这个时代，最后的决战已在眼前，我们要做的就是动真枪真炮。"

尽管戈林抛出了上述好战言论，"4 年计划"并不是发动全面战争的蓝图。德国人民必须为一场持久的消耗战做出极大牺牲，这样很可能削弱人民对纳粹统治的支持。希特勒和戈林的目标是在将来建立良好的经济秩序，而不是把国家搞得一贫如洗。他们对未来战争的策划以闪电战为依据——集中全部力量快速出击，解除敌人的反抗能力。以这种方式展开的战争即使不能在几星期内结束，也可以在几个月内解决问题。因此一开始就要动用德国军事机器的全部力量，没有必要预留大批人

在 1937 年柏林举行的一次武器展览上悬挂着的一幅画有德国青年的巨型宣传画。会上展出的 He 123 型双翼飞机和一战时期的大炮已经被淘汰，这是德国实力不断增长的表现。

员和装备。战争中的所有花费将在很快而至的和平时期
得到补偿。

即使闪电战也将耗尽帝国现有的资源，戈林因此更
加疯狂地扩军备战。他下达了几千条命令，最重要的是
关于石油、橡胶、铁矿石等生产原料。德国的目标是用
比以往更大的努力减少进口，真正实现每种原料的自给
自足。但目标定得过高。据估计，打一场3个月的战争，
德国需要100多万吨石油——大约是I.G.法本公司年
产量的4倍。为了弥补差距，国家计划再建10座合成
石油工厂。政府保证保护合成产品的价格，对进口石油
征收高关税。事实证明这些措施还是无法满足希特勒
帝国的全部需求。但I.G.法本公司却取得一项相关成
绩——合成橡胶的产量超出了预计，最后超出了民用和
军用需求。

钢铁产量的减少是另一个困扰战时经济的问题，戈
林试图找到解决的办法。德国在汉诺威和南部地区有一
些铁矿床，尽管是贫铁矿，戈林还是决定开采。他成立
国营的赫尔曼·戈林矿石铸造公司，在克虏伯和其他工
业公司的专家的指导下开采这些铁矿。冶炼德国铁矿的
成本比冶炼进口的瑞典富铁矿的成本高许多，但戈林毫
不在乎。为了早日完成重整军备的大业，花多少钱都没
关系。"为几百万马克绞尽脑汁是愚蠢的，"他说。

"4年计划"不仅控制几个重要的工业部门，还在
许多经济部门进行纳粹式的改造。专利权被合并后，以

前的竞争对手成为合作伙伴，许多大制造业康采恩被
迫组成卡特尔，实行一体化生产。企业分红限制在6%，
多余的利润要购买政府债券。产品规格要符合统一标
准，而且生产哪种产品由政府规定。

实际上，这些规划没有产生预期效果。纳粹官员
不久就被他们倡导的卡特尔组织搞得焦头烂额。许多
协会联合起来对抗国家指令，排挤纳粹干涉。和军工
有联系的康采恩在政府的扶持下蒸蒸日上，它们的总
裁却时常钻空子，逃避购买政府债券，把剩余利润捞
回公司，希望将来获得更大的再投资回报。

德国工人阶级承担了战时经济最沉重的负担。从
某些方面看，工人的生活比过去富裕。扩军备战使劳
动力异常短缺，在工厂做工的男人——战前德国社会
很保守，女人几乎不去工厂做工——肯定能保住位置，
除非他不幸是犹太人或得罪了官方。然而10年下来，
工人们发觉他们带回家的工资越来越少，生活水平也
下降了。本来可以要求资本家增加工资的工会在1934
年被取消，取而代之的是以政府做后盾的劳工阵线。
正如它在宪章所说的，这个"富有创造力的德国人民
的才智和力量的组织"，不是为工人利益服务的，而
是为国家利益服务的。工人的罢工权被剥夺，工资由
政府法令加以限定。雪上加霜的是，越来越大比例的
工资要拿去交劳工阵线会费，高昂的失业、残疾保险。
不满意现有工作的工人很难或根本没办法换个工作。

在一个混凝土碉堡附近，德国士兵正在一块白菜地里进行田间护理。1936年之后，部分工事是沿着德法边界构筑的。就像那些拥有耕地的德国人一样，边防部队自己耕种以弥补后勤补给的不足。

"4年计划"规定没有当地劳工办公室的批准，技术娴熟的金属加工工人不许更换工作。其他工人被老板攥在手里，他们拿着政府发给每个工人的工作手册；只有老板同意交出手册，工人才能申请更换工作。

同时，纳粹展开强大的宣传攻势，煽动深受剥削的劳动人民为"生产原料战斗"出钱出力。他们发动收集废金属运动，把家庭花园改成种蔬菜的战时菜园运动，劝告人们把餐桌上的美味佳肴换成便宜的食品。听话的德国公民以鱼代肉，以黑面包代白面包，以人造黄油代替黄油，正如宣传部长约瑟夫·戈培尔说的，"我们可以没有黄油，但不能没有武器，尽管我们热爱和平。我们不能拿黄油射击，只能用枪"。

然而，不吃黄油也解决不了战时经济的种种问题。浩繁的工业规章制度丝毫没有提高管理效率，《工作法》

没有激起热烈反响。工厂的生产效率虽然自大萧条以来有所提高，但仍落后于工业世界的其他国家。积压的军方订单加剧军队各部门之间的争夺；每个部门都要求优先满足自己的需要。陆军需要更多的坦克和大炮，更多的钢盔和枪支；海军需要更多的战舰和潜艇；空军对飞机的需求从来没有满足。三个兵种的采购官为了一个铆钉，一个弹壳而激烈争夺。

戈林负责分配物资装备，但他不是一个公正的法官。空军毫无疑问分到了大头，拿到几乎一半的军费开支。即使在戈林的关照下，空军和飞机制造商的要求也没有完全得到满足。1936 年 10 月，戈林的空军部代表埃哈德·米尔契将军计划两年内投产 80 种新型飞机，使空军的飞机数量达到 12000 多架。但一年后，由于生产问题，他不得不把原定数量减少 25%。

在此期间，飞机的机身设计一直处于世界领先水平。一些革命性设计，如威利·梅塞施米特的 Me 109 战斗机和轻捷的 Do 17 "飞行铅笔"——之所以叫"飞行铅笔"，是因为它机身修长——在全欧的飞机展览会上赢得好评。然而每项成功的设计最后都是白费心血或彻底失败，主要原因是空军部不知道自己需要哪些型号的飞机，该如何使用它们。为了达到空军不断变化的要求，福克-沃尔夫公司花了 3000 小时试验改进 FW58 教练机，最后却被告知空军只需要 60 架。

如果精力旺盛的空军总参谋长瓦尔特·韦弗尔还

活着，在他的管理下事情可能进展得顺利些。可是韦弗尔 1936 年 6 月死了，留下米尔契和戈林茫然地指挥着官僚机器。韦弗尔的继任者艾伯特·凯塞林少将是个优秀的管理者，但缺少韦弗尔的眼光，不精通技术问题。平易近人、随心所欲的恩斯特·乌德特担任技术局局长也无济于事。这位前空中特技飞行员力主空军要发展俯冲式轰炸机，表现了不凡的见识和胆略，但他的气质和经验都不适合主管技术问题。乌德特也承认自己力不从心，然而希特勒对他抱有好感，他就上任了。

最能说明空军拿不定主意的事莫过于它既不发展远程轰炸机，也不完全放弃这项计划。韦弗尔的死使这个计划失去了最坚决的支持者，但是在他遇难之前，戈林已经开始排斥总参谋长的规划。一次视察容克工厂时，戈林看到庞大的 4 引擎重型轰炸机 Ju 89 的全比例木模一战时期的王牌飞行员恩斯特·乌德特在新成立的德国空军中身兼数职。（上左图）1932年乌德特在柏林附近的一次航空表演中驾驶爱机挥洒自如地掠过地面做飞行特技。

（上右图）德国空军技术局局长乌德特正在听取威利·梅塞施米特，这位杰出但又傲慢的设计师陈述意见。图中，梅塞施米特一手正拉着乌德特的衣袖。

（下图）在驾驶亨克尔的试验战斗机He 100型创造飞行速度纪录之前，乌德特与恩斯特·亨克尔拍照留念。

型。"这究竟是什么东西？"他生气地问，"像这样重大的工程只能由我亲自决定！"他大吼道，踩着重步走出机库。此后Ju89的研制搁浅了，最后完全停止，但韦弗尔没有放弃发展重型轰炸机的念头。杜尼尔公司有一架Do19样机，准备在1936年试飞，却被告知飞机需要新引擎以达到更高的性能标准。研究工作又进行了一年，最后Do19被列入空军撤销研制的长名单。后来，没有远程轰炸机的空军不得不对付着使用He111和Do17这些生产周期短，成本不高的中程轰炸机。戈林向一位副官透露，"元首不过问我有哪些型号的轰炸机，他只想知道有多少架。"

如果不是因为远方战线发生的情况，希特勒可能会推迟或终止他的战略计划，因为空军飞机的设计和生产不顺利，整个战时经济又有一大堆问题。莱茵兰冒险成功几个月后，从西班牙来的一份邀请使德国的战争计划从理论走上实战。德国参战人员将在西班牙学习如何有效地使用武器装备。

1936年7月25日晚，希特勒和许多纳粹官员在巴伐利亚的拜罗伊特市沉浸于理查德·瓦格纳歌剧的高亢音乐和条顿传说中。演出结束后，元首下榻到附近的瓦格纳家族别墅，等待召见的是三位风尘仆仆从西班牙属摩洛哥远道而来的代表。其中两位是海外德国商人，纳粹党党员，第三位是西班牙新成立的民族主

Do 19型飞机在试飞。图中展示的细长如铅笔的轮廓是杜尼尔飞机的设计特色。然而和德国其他的4引擎轰炸机一样，Do 19并没有形成大批量的生产。

义阵线的空军上校。他们代表佛朗哥来向希特勒求援。

　　一个星期前，西班牙的冲突升级为内战。一些民族主义阵线将军警觉到共产党在民选共和政府的影响越来越大，便密谋夺权。叛军控制了三分之一多的国土，但首都马德里、东海岸和北海岸富饶的矿产和工业中心都在共和政府手里。民族主义阵线需要更多的部队夺回这些地方，尤其是驻守在北非由弗朗西斯科·佛朗哥将军领导的外国军团和摩洛哥雇佣军的残部。但有一个问题不好解决，忠于政府的西班牙海军在北非和西班牙之间的海域巡逻，随时打击任何企图通过的叛军船只。佛朗哥派这三位代表来德国，希望希特勒能借他一些飞机运送兵力。

德国的政界要人早就开始关注西班牙的局势。帝国外交部部长康斯坦丁·冯·纽赖特男爵认为支持佛朗哥会激怒英法，军队的高级将领认为援助佛朗哥是一种军事浪费，浪费了德国急需用来完成"4年计划"的资源。

没人知道希特勒的想法。开始，他对佛朗哥派来的代表并不热心，直接问他们佛朗哥将军有多少胜利的把握。可是一位代表记起元首说过他很关切"笼罩欧洲的红色危害"。结果可想而知。佛朗哥要 10 架运输机，希特勒给了 20 架，还派 6 架战斗机护航。运输机是希特勒乘坐的可靠性很高的 3 引擎客机 Ju 52。他告诉佛朗哥的代表钱的问题不要担心，以后再谈。元首无疑在打西班牙丰富的铁矿资源的主意。

希特勒召见戈林和国防部长勃洛姆堡，当着三位代表的面向他们宣布决定。勃洛姆堡反对援助西班牙，但谨慎地一言不发。性情急躁的戈林大声嚷嚷这样做很冒险，当他意识到希特勒决心已定，就不再反对了。戈林后来说他把这次应邀的空运当作"检验我的年轻的空军"的良机。希特勒把代表送到门口，请他们给佛朗哥捎去口信，结束了这次重要会见："代我向佛朗哥将军致意，祝他打败共产党。"

一场名为"魔火"的行动开始了。行动代号取自瓦格纳歌剧中的一圈火焰，主人公齐格菲穿过火圈营救被困的布容希德。行动在暗中进行，因为希特勒不想和同情共产党政权的西方民主国家发生正面冲突，特别在民族主义阵线前途还未卜之时。

空军选出像汉纳斯·特劳洛夫特这样的单身男飞行员执行秘密空运。希特勒下令几天后，特劳洛夫特奉命到科隆附近的空军基地报到。上级通知他收拾好背包，因为他刚刚"志愿"参加一项特殊任务，弄得他摸不着头脑。几小时后又前往邓伯立兹的一个基地，和一些分配来此教授佛朗哥的飞行员驾驶战斗机、为运输机护航的军官碰面。特劳洛夫特和他们换上便服，对外谎称预备役，于7月31日午夜时分以旅游团成员的身份乘"尤赛塔莫"号轮船离开德国。船上有773个大箱子，装着6架He 51战斗机和10架Ju 52的散件。余下的10架Ju 52从汉莎航空公司征用，正飞往摩洛哥或民族主义阵线控制的塞维利亚地区，开始空运佛朗哥的部队。长达11小时的航程险象环生。一架飞机误降在共和政府的占领区，机上人员被拘留几天，直到德国大使强烈抗议共和政府俘虏民用飞机，他们才得以获释。

8月的第二个星期，人员和物资已经运齐，可以开始空运了。"魔火"行动全面展开。Ju 52穿梭于摩洛哥和西班牙大陆之间的狭长地带。有的飞行员一天要飞5个来回。40多个强悍结实的摩洛哥士兵把他们的阿拉伯斗篷披在膝头，挤进精简一空的机舱，而机舱的设计载客量为17人。更不容易的是飞机受海峡上空气流的影响产生颠簸，许多人病倒了。10 月初，13000 名士兵已被运到西班牙，还有大约 500 吨弹药和其他装备，包括 36 门大炮的散件和 127 挺机关枪。这是历史上第一次重大的军事空运。

德国人开始极力掩人耳目。容克运输机上没有加载武器，而且涂黑了机身上的身份标志。德国人的作用仅限于当顾问参谋，但一些飞行员没有抑制住战争的诱惑。8 月 13 日，马拉加湾的一艘共和政府巡洋舰向几架运输机发射高射炮弹，一名飞行员在危急情况下使用了 Ju 52 低层的炸弹舱——Ju 52 很适合这种改装——炸伤了巡洋舰，使之几个月无法巡逻。

不久之后，第一批德国飞行员参战了。8 月中旬，形势的发展表明把刚组装好的 He 51 战斗机交给仓促训练的西班牙飞行员驾驶是不理想的。共和政府的飞机对空运没有做出有效反击。这些双翼飞机主要用于

双引擎的亨克尔飞机在准备从西班牙北部的埃布罗河畔的机场起飞。由于缺乏大型飞机，在二战来临之时，德国空军只能依靠 Ju 111 和类似的 Ju 88 型飞机执行大型轰炸任务。

激烈争夺的大陆上空。佛朗哥的飞行员虽然勇敢，但缺少经验，损失惨重。几星期下来，He 51 被击落 4 架。尽管飞机还在从德国往那边运，但身为顾问的德国飞行员在损失面前坐不住了，就亲自参加战斗。8 月 25 日，汉斯纳·特劳洛夫特和他的同伴克拉夫特·埃伯哈德中尉在西班牙上空各击落一架敌机，拉开了德军参战的序幕，德国飞行员在西班牙内战中共击落 300 多架敌机。

干涉西班牙内战的前几个月，德国飞行员只是偶尔参战，没有军方正式许可。10 月空运结束时，希特勒和将军们准备更主动地介入西班牙冲突，尽管仍在暗中行动。希特勒打算不经过佛朗哥的正式请求直接出击，元首和他的顾问非常清楚西班牙战争不仅仅是一场意识形态的斗争，还是测试新武器新战术的重要战场。

为了更好利用这次机会，德国军方在 10 月底成立"秃鹰军团"。军团名字是戈林建议的，象征军团的主要任务是试验德国的空中力量。不断壮大的军团主要包括一个轰炸机联队，最初是 4 个飞行中队，每个中队 12 架改装的 Ju 52；还有一个战斗机联队，包括 4 个飞行中队，每个中队 9 架 He 51。（更先进的战斗机、轰炸机走下生产线就火速运到西班牙补充或替代原有的装备。）此外，"秃鹰军团"还有一个 12 架飞机组成的标准侦察中队，4 架海上飞机组成的侦察轰炸中队；8 个排炮组成的高射炮队，其中 5 个装备了克虏伯公司生产的杀伤力很大的 88 毫米防空火炮。虽然没有派遣

1936 年 11 月，摩洛哥部队在丹吉尔市郊登上 Ju 52 型飞机，准备前往西班牙为佛朗哥作战。希特勒最后承诺送给佛朗哥的 63 架 Ju 52 型飞机在运输方面发挥了重要作用，但是在执行轰炸任务时却漏洞百出。

正规地面部队，"秃鹰军团"附属了 4 个连，每个连配备有 12 辆轻型 P- 坦克，以及由海因兹·古德里安的门生威廉·里特·冯·托马中校率领的几百名军事顾问。坦克部队的任务和直接参战的空军飞行员不一样。他们主要训练佛朗哥的坦克兵，让他们打仗。

"秃鹰军团"的征募工作马上开始了。不久就有成百上千的志愿者——无论愿意还是不愿意——和 7 月份回国的执行空运任务的战友一样秘密来到西班牙。他们穿便服在汉堡、斯德丁和斯温蒙德乘商船出发。从外表看他们是纳粹党"通过欢乐取得力量组织"主办的旅游团的游客。商船甲板下面藏着大箱子，上面标着"家具"或"圣诞装饰品"，里面是枪支、高射炮和飞机散件。轮船一出海便向南驶去，穿过共和政府的封锁线到达卡迪兹，人员和物资上岸后转到德国的主要基地塞维利亚。大约5000名平均服役期为9个月的士兵聚集到雨果·斯比埃尔麾下。雨果·斯比埃尔身材粗壮，戴单片眼镜，被希特勒描述为"我的最凶悍的将军"。军团总参谋长沃弗兰姆·冯·里希特霍芬是一战那位王牌飞行员的表兄，刚刚辞去空军研究发展处主任之职，现在可以亲临前线考察德国航空工业的产品在实战中的表现。

"秃鹰军团"的飞行员穿热带制服，佩戴西班牙徽章。尽管即将参加激战，他们却形同儿戏，一到驻地就参观塞维利亚和格拉纳达的名胜古迹，游览摩尔人的爱尔汗布拉宫和著名的狮子宫，赞叹当地吉普赛人的弗拉门戈舞。一些更下流的活动也组织得有条不紊。在"秃鹰军团"训练的一名西班牙飞行员回忆了德国人如何在塞维利亚著名的红灯区寻欢作乐："他们排好队。客人满了，多出来的人在街上等候，听房内长官叫唤，一列列地进去。"

德国不是唯一介入西班牙内战的外国人，但人数一直较少。佛朗哥也向墨索里尼求助。意大利法西斯头子

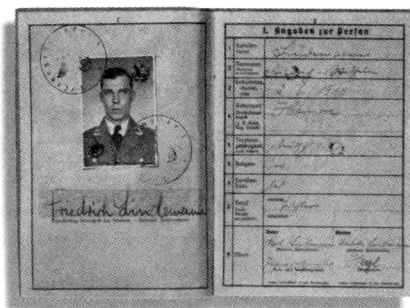

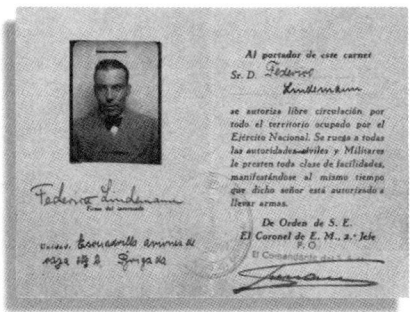

这两张身份证的主人是德军飞行员弗雷德里克·林德曼。上图，他的空军身份证上标明他生于1915年，并于1935年加入空军。下图身着便装的"费德里克"·林德曼的身份证为他随同"秃鹰军团"在西班牙作战时携带。林德曼在西班牙内战中幸存却在1940年的对英作战中阵亡。

总共派去 6 万地面部队，还有轰炸机和战斗机联队，尽管它们的作用不如戈林的德国空军重要。

共和政府也得到大量外国援助。法国的社会党政府提供枪支飞机，但没派部队。后来，各国的 4 万名志愿者加入国际纵队到西班牙抗击法西斯，他们当中包括将近 3000 名美国人和几千名反纳粹的德国和奥地利流亡者。苏俄提供了最多的武器和技术人员。莫斯科总共派了大概 1000 架飞机，1500 门大炮，900 辆坦克，以及大约 2000 名飞行员、坦克兵、机械师、教练员和其他专家。

1936 年 10 月底，俄国人参战了。佛朗哥的部队在空运帮助下强大起来。他们包围马德里，以为能够轻易攻克。马德里城内有 4 个团的忠于共和政府的市民，还有首都郊区的志愿者组成的平民大军，他们都时刻准备着保卫马德里。防守部队缺少大炮、弹药和空中支援。首批大量的苏联坦克和飞机在形势严峻之时运抵马德里。共和政府发起反攻，突破马德里以南的敌军防线，但民族主义阵线军队很快又集结起来。

11 月 7 日，佛朗哥部队企图再次攻克马德里。共和政府防守部队在国际纵队的帮助下挖战壕，修炮台，分配所剩不多的弹药。妇女和儿童用书本、家具筑起路障。一个战士倒下了，马上有老百姓接过他的武器。一句新的战斗口号在城市回荡："坚决不让敌人通过！"民族主义阵线的进攻很快被阻止了。

铁　拳

　　飞行员在城市上空争夺制空权。11 月 13 日，曾在 8 月击落第一批敌机的埃伯哈德中尉率领一个战斗机中队从阿维拉基地起飞。两天前停在这里的一些 He 51 被俄国人炸毁。埃伯哈德在马德里外围的卡萨坎波附近加入空战，被一颗穿心而过的子弹击毙。他的俄国对手在飞机起火坠毁前跳伞，落入一群愤怒的西班牙百姓中，被他们误认作德国飞行员打死了。

　　在首都的顽强抵抗下，民族主义阵线决定轰炸马德里，迫使它屈服。此前佛朗哥禁止轰炸城市的一大块地区，尽量减少平民伤亡。11 月 18 日，禁令取消了。德西两国飞行员驾驶的 Ju 52 和意大利的"萨瓦侯爵"轰炸机飞行编队投下了 2000 磅炸弹。上面要求他们瞄准大型公共建筑，但由于缺少精确的轰炸瞄准器，炸弹被到处乱扔。为了减少共和政府部队地面火力造成损失，轰炸在夜间进行，从而产生更大的破坏力。一些医院被炸，许多民居被夷为平地。空袭一直持续到 11 月 22 日，飞行员凭借建筑物燃烧的火光辨认路线。这是现代空军有史以来第一次把平民当目标。

　　可是马德里依然不屈服。1000 多平民的伤亡只能坚定幸存者的决心。空袭使共和政府和海外支持者在宣传方面取得重大胜利。德国人第一次尝到战略轰炸局限性的教训。

　　直接进攻首都受挫后，佛朗哥决定不断骚扰共和政府在北方的供给线，使马德里成为一座孤城。1 月初，民族主义阵线部队沿公路主干道在马德里的拉斯洛萨斯地区发动进攻。坦克司令托马终于有机会验证古德里安的坦克战理论。交战双方把坦克分布在步兵团，为地面部队提供机动炮火支援。托马计划同里希特霍芬战斗机中队协同作战，集结德国的 P-Ⅰ坦克发动突击。进攻开始时先炮轰敌人阵地两小时，随后 He 51 横扫空中，炸掉敌人主要反击点。然后坦克开入，步兵最后上场，占领坦克夺取的地盘。这就是坦克战的实质。

进攻刚开始很有秩序，似乎胜利在望。但共和政府手里也有撒手锏——俄国 T-26 坦克中队。同装甲薄，装备两挺机枪，重 5.4 吨的 P-1 型坦克相比，8.5 吨的 T-26 坦克装甲厚，炮塔上装一门 360 度旋转的加农炮。和这样的对手交战，豹式坦克要么投降，要么被击毁。民族主义阵线军队撤退时，托马仍认为他的战术没有问题，只是坦克威力不够。他规定谁俘获一辆俄国坦克奖励 500 西班牙银币。很快他就有了几辆 T-26。他留下一些供将来打仗时使用，剩下的运回德国供克虏伯的装甲车设计师研究。

民族主义阵线的失败意味着战争还要持续下去。战火在西班牙又燃烧两年，直到佛朗哥获胜。"秃鹰军团"在西班牙得到磨炼。德国将领们充分了解了托马的武器的弱点，并开始为将来的胜利制定新战略。

　　1937 年初，马德里战役陷入僵局，民族主义阵线把注意力转向西班牙北海岸的矿区和工业中心巴斯克地区。这里的人们独立性很强，支持共和政府，主要因为共和政府许诺给他们自治权。北方的共和政府军队聚集在比斯卡亚省，依赖他们称之为"钢铁之环"的防御工事。民族主义阵线的进攻部队发现它的确坚不可摧。民族主义阵线将军埃米利欧·莫拉·比达尔急于求胜以挽回士气，决定大规模动用空中力量。"如果他们不马上投降，"他说，"我就把整个比斯卡亚省夷为平地，从军工厂炸起。我能做到。"他主要动用了"秃鹰军团"的轰炸机中队。

　　其后几个月，飞行联队增加了 30 架中型轰炸机——能携带 1 吨多炸药的双引擎高速 He 111 和高速 Do 17 即"飞行铅笔"。这些飞机来得正是时候，改装的"容克"飞机已经敌不过俄国飞机了。Ju 52 最高时速为 175 英里，很容易被俄国的 I-15 战斗机追上，I-15 是一种大功率机头上翘的双翼飞机，时速 220 英里，机载的 4 挺机枪喷着火舌向德国轰炸机猛扑过去。Ju 52 不能指望得到德国战斗机中队的掩护，因为 He 51 的速度和灵活性都比不上 I-15，而且还要执行低空扫射轰炸任务。更糟的是，Ju 52 的 3 个引擎有 1 个装在机头，飞机前面无法装载机枪。新型的 He 111 轰炸机前后都有机枪，而且像飞行铅笔一样，它的速度也高于俄国的 I-15。

　　3 月的最后一天，"秃鹰军团"实力增强的轰炸机

一名为西班牙共和国作战的德国志愿兵，他扛着标有所在部队番号及共产党镰刀斧头图案的旗帜。他们将在1937年这个血腥的冬日保卫马德里至巴伦西亚的重要公路。

为共和国而战的德国人

在西班牙内战中，上百名德国人站在了另一边，他们加入共和国军队同希特勒支持的民族主义阵线作战。他们中的大部分人是那些在1933年希特勒上台后逃离德国的共产党人。这些流亡者们辗转来到战乱的西班牙，并被编入第11和12国际纵队，这两支队伍是由来自17个国家的志愿者组成的，包括法国、英国以及美国等等。

许多德国人被编在台尔曼营作战，该营是以德国共产党的领导人恩斯特·台尔曼的名字命名的，他在国会纵火案发生后被捕，并被送往布痕瓦尔德关押直至遇害。这个营参加了西班牙内战中几场最惨烈的战役，包括在马德里保卫战中，同那些驾驶坦克和轰炸机的纳粹德国同胞作战。在1937年的激战中，该营的损失十分惨重，以至于当进攻的命令下达时，幸存的将士发出信号："不可能，台尔曼营已经被消灭！"尽管如此，这个营仍然坚持在第二年继续作战。

中队呼啸着投入战斗。接下来的 3 个星期里,一批接一批的飞机——He 111,Do 17 和残存的 Ju 52,还有低空飞行的 He 51——轮番扑向"钢铁之环",轰炸共和政府的防线和他们守卫的城市。重要的海港和工业中心毕尔巴鄂 4 月份每一天都遭受轰炸,附近的铁路枢纽布兰戈被炸成一堆瓦砾,甚至不起眼的目标也在劫难逃。

　　格尔尼卡集镇的军事意义并不突出。镇上有一家银行,一家糖果厂,几座教堂和小医院。只有几个建筑具有战略意义:火车站,镇外的轻武器工厂,一座向东通往毕尔巴鄂的公路桥。4 月 26 日下午 4 点半,农民和商人正在集市中心交换牛羊和农产品时,教堂的钟响了,警告人们飞机来了。人们躲入地窖,桥梁下和挖好的地洞里。5 分钟后,天上飞来第一批 He 111,扔下 6 枚重磅炸弹。

　　"秃鹰军团"的飞机对格尔尼卡狂轰滥炸了 3 个小时。胡利安旅馆的前墙被一下子轰碎,露出 4 层房间。

1937 年 4 月 26 日,He 111 型飞机用炸弹和燃烧弹轰炸了西班牙北部格尔尼卡地区。图为在这次举世震惊的可怕轰炸中,该地区的一个村庄陷入一片火海。

100 码外志愿赶来救火的胡安·西利科被爆炸余波震倒。他仰头看见空中飞着炸断的胳膊、腿和头。后来，飞机在密集的木房住宅区投下燃烧弹，大火吞没了一切。3 家医院被炸，生病的儿童、伤员和护理他们的医生护士一起遇难。

一位巴斯克牧师阿尔博托·欧迪纳躲在城郊的树林中，目睹几架 He 51 俯冲而来，机枪喷吐火舌。"待在空地的人被打死，妇女、儿童和老人像苍蝇一样成堆倒下，"欧迪纳回忆，"到处血流成河。"爆炸引起大火，浓烟滚滚，后来的飞机不得不飞在 600 英尺以下才看得清哪是郊区，哪是城镇。

黄昏时分，最后一批飞机离开时，格尔尼卡大部分地方是一片火海。第二天清晨外国记者赶到时，废墟依然冒着青烟。记者们看见惶然的人们在瓦砾中寻找亲人和财物。一名记者在附近的田野里数到 600 具尸体。最终的死亡人数永远无法统计，可能有 1600 人。

　　德国干涉西班牙内战始
于1936年夏。当时，德国
人用飞机把弗朗西斯科·
佛朗哥将军的部队从西班
牙的属地摩洛哥空运至西
班牙大陆。此后，德军曾
协助佛朗哥的部队试图夺
取首都马德里，但未获成
功。战斗的中心随即转移
到西班牙北部海岸。在那

里，德国空军对毕尔巴鄂
周围地区发动的空袭使共
和国政府的部队难以坚持。
1938年，民族主义阵线军
及其盟军跨过北部诸省向
地中海进发，最终从东、
北两个方向实施了对马德
里的合围。至1939年3月
中旬，佛朗哥的部队攻进
了首都。

镇中心被夷为平地，70%的房屋被毁，20%严重损坏，而轻武器工厂和公路桥却安然无恙。

几百年前，格尔尼卡是这个地区的中心，是自由独立的巴斯克精神的圣地。在这里的一棵橡树下，西班牙君主曾许诺尊重当地人的权利。如今，这座城市成为战争暴行的象征。世界许多新闻报纸严厉谴责德国空军的暴行。德国政府公开否认承担任何责任，宣称是"红色"恐怖分子所为。但"秃鹰军团"的人心里明白，他们不愿吹嘘这件事。"我们不想谈论格尔尼卡。"一位战斗机飞行员回忆说。

不管格尔尼卡空袭在国际社会里造成什么影响，它确实削弱了共和政府在此地的抵抗力量。5月初，民族主义阵线军队横扫格尔尼卡，进军毕尔巴鄂。6月中旬开始发动对毕尔巴鄂的最后进攻。"秃鹰军团"又有机会试验P式坦克了，德国坦克兵和他们训练的西班牙士兵并肩作战。

一名德国坦克指挥官回忆了进攻城市外围防线的情景——那是一排由巴斯克矿工守护的掩体："没发现一点动静，但我们知道那些矿工英勇无畏。我们得推进到离防御阵地200米远的地方，向黑洞洞的枪眼开火。子弹打过去，扬起一阵白烟，几秒钟内看不清碉堡上的枪眼。"

"一个胆量过人的西班牙上尉冲在前面。他甚至不时打开坦克舱盖辨认方向。我朝他的炮塔打了一梭在西班牙的一个机场上，一架造型优美的 He 112 型飞机正在发动，等待勃德姆驾驶起飞。亨克尔虽然没能赢得德国空军对 He 112 型飞机的订单——最终购买了 Me 109 型，但西班牙和匈牙利却购买了一些。

勃德姆坐在梅塞施米特飞机驾驶舱内向外微笑致意。他就是用这架飞机把为西班牙共和国政府作战的苏联战斗机击落。

在这张经过修描的报纸照片上，法国的滑雪部队在阿尔卑斯山山麓守护着一架运输机残骸附近的遇难者尸体，勃德姆也在其中。

德国政府在威廉·勃德姆死后追授给他镶有钻石的镀金西班牙十字勋章。

一位英年早逝的纳粹王牌飞行员

在西班牙内战中，最受人们尊敬的飞行员之一是威廉·彼得·勃德姆，一位杜塞尔多夫铁路工人的儿子。尽管同伴们形容他"身材矮小、举止腼腆——并非典型的战斗机飞行员"，但勃德姆在空战中却堪称英勇善战。在"秃鹰军团"所属的134飞行团进行的两次空中巡逻中，他一人击落10架苏联飞机。

不仅如此，事实证明他还是一位出色的试飞员以及脾气暴躁的设计师恩斯特·亨克尔的推销员。1938年，亨克尔把他的得意之作He 112型战斗机送到了西班牙。当时，就是勃德姆驾驶着这种新式飞机为民族主义阵线空军的将领们进行飞行表演。而飞行表演结束之后，西班牙人买下了亨克尔送来的所有He 112型飞机。

充满戏剧性的是，勃德姆在战场上虽然多次出生入死而安然无恙，但他回国时却遭遇空难。他乘坐的运输机坠毁在法国的阿尔卑斯山，他也不幸遇难身亡。德国政府授予他珍贵的钻石级西班牙十字勋章，只有27名"秃鹰军团"的飞行员获此殊荣。亨克尔的悼词非常简单："他的热情和友好风范将长存我心。"

子弹，提醒他当心。我们习惯用这种方式联络。突然响声大作，红军趴在胸墙后投手榴弹，主要炸我们的履带。有人仔细瞄准我们坦克上的薄弱环节，还有人离开掩体，大喊大叫，指手画脚地鼓励同志们狠狠地打。在这么近的距离，我们一瞄准就能把他们打死。有时，锥形的火舌甚至在小范围内射出都能扫倒一大片。"

那天晚上，巴斯克人撤离防线。第二天，6月18日，共和政府撤退，毕尔巴鄂落入敌手。对民族主义阵线而言，这是一次重大胜利，但并不具决定意义。在佛朗哥把目标转向共和政府东海岸的要塞之前，还需夺取北方的大片地区。在接下来的战斗中，"秃鹰军团"焕然一新的战斗机大队给予民族主义阵线至关重要的援助。

1937年夏，战斗机联队新增30架Me 109——这是去年秋天在梅塞施米特的巴伐利亚工厂投产的早期机型。Me 109来得正是时候，苏联人在西班牙空战中使用了高性能的单翼战斗机I-16——其775马力的引擎可使飞机最高时速达288英里，稍逊于Me 109。共和政府称他们的新式战斗机为"飞蝇"，民族主义阵线则把它们叫作"老鼠"。

起初，飞行员发现"老鼠"们不好对付。梅塞施米特在德国不断改进他的机型。1938年初，一种大马力的机型运到西班牙，最高时速竟然达323英里。Me 109现在没有对手了。它们成对或成4机编队巡逻天空，鲨鱼般的机身在伊比利亚半岛的阳光下熠熠闪光。

1939 年对巴伦西亚港口设施的空袭中，炸弹从 He 111 飞机的弹仓中倾泻而下。该型飞机的防卫武器仅限于几挺轻型机枪，分别安装在机头、机身上部以及机腹处一个可伸缩的平台上。

战斗机大队的其他飞行员被派去执行不太引人注目的任务——驾驶 He 51 支援地面部队。他们不满意这项任务，觉得有点不光彩。"这个任务使我们感觉像不敢光明正大使用武器的入侵者，而不是真正的猎手。"军团"米老鼠中队"队长阿道夫·加兰德吐露心声。他的中队的飞机上饰有迪士尼卡通人物米老鼠的图案。

然而，加兰德中队的任务并不轻松。飞行员每天飞几个架次，低空飞行同样惊心动魄。哈罗·哈德中队长和他的小队被派去消灭共和政府的一个火炮阵地，回来时，每架飞机上都有枪眼。"进攻只持续了 8 分钟，"他说，"但我们能活着回来真是幸运。"为了减少危险，飞行员学会列队前进，一架飞机跟在另一架后面，这样每架飞机都被前一架遮掩。长机有时会翻个筋斗向目标俯冲，后面的飞机像传送带上的汽车尾随而去。

当战斗机要攻击大范围目标，如一排土木工事时，飞机从后面跟上，并排飞行，听到信号一齐把炸弹全部投下，产生一排整齐的爆炸情景，德国人戏称为"小个子的轰炸地毯"。后来，"地毯式轰炸"成为正式的空战战术。

多次实践后，He 51 飞行员攻击的命中率很高。但真正的定点轰炸还需由新型的施图卡式轰炸机完成。施图卡式轰炸机能以很大角度俯冲，使飞行员从正面击中目标。1938 年 1 月，第一批 3 架 Ju 87 俯冲轰炸机运抵西班牙，补充 He 51。2 月中旬，佛朗哥发动最后进攻，为民族主义阵线在东部特瑞尔省首府特瑞尔市的据

在 1939 年西班牙内战的最后几个月里，一辆德制 P-I 型坦克掩护一群打着民族主义阵线旗帜的士兵对毕尔巴鄂附近一个满是瓦砾的村庄发动进攻。

点解围，战斗机联队全力出击。2 月 17 日，He 51 和施图卡轰炸敌人防线，为民族主义阵线部队打开缺口。2 月 20 日，佛朗哥部队进入特瑞尔，但共和政府仍牢牢守住几个防守严密的地方。施图卡受命消灭他们。第二天，共和政府后路被切断，一架架飞机突然出现在城市上空，Me 109 起飞应战，击落 7 架苏联战斗机，自己无一损失。

攻克特瑞尔揭开了佛朗哥乘胜追击的序幕。接下来的一年里，民族主义阵线军队从阿拉贡和卡塔卢尼亚向东打到地中海，"秃鹰军团"一直参战，不断改进 1937 年 1 月在马德里外围首次使用的闪电战战术。军团指挥官和西班牙同行配合熟练。西班牙军队在前沿阵地后用无线电同地面部队和空军联络。改进的通信手段和对德国武器性能的清楚认识，使指挥官能够快速而有效地对付共和政府的威胁。指挥部知道苏联重型坦克要出战，就不派力量薄弱的 P 式坦克去送死，而使用 88 毫米机动高射炮平射应敌——这是在西班牙学到的许多大炮实际应用经验之一。最后，在西班牙战场上发挥重大作用的不是德国武器装备的先进性能，而是各种装备的密切配合。

苏联人往西班牙运送了先进武器，但他们的配合不及德国人。1938 年底，为了减少损失，苏联人开始撤离。1939 年 2 月，共和政府撤离马德里。几星期后，民族主义阵线进入马德里，战争实际上结束了。

图为一枚"秃鹰军团"的高级坦克指挥官威廉·里特·冯·托马上校授予优秀军官和士兵的勋章。上面标有骷髅和腿骨交叉的图案，在橡树叶的环绕下还有一辆小坦克。

授予赫尔姆特·卡斯特德
中士的荣誉证书

授予德国战士的
西班牙勋章

　　西班牙的佛朗哥政府向那些帮助他赢得内战的德国"秃鹰军团"的将士授予勋章。最普通的是"战斗勋章"，它被授予所有在西班牙作战的飞行员、坦克手及其他人员，仅军官就发放了14982枚。大约三分之一立有战功的德国老兵还获得了"红色军事十字勋章"。更加珍贵的"战斗十字勋章"以及左图的荣誉证书只授予了986人。在这些勋章中最令人羡慕的是"军事勋章"，只有60名德国勇士获此殊荣。

战斗十字勋章

红色军事十字勋章

军事勋章

战斗勋章

那年春天，"秃鹰军团"的最后一批成员返回柏林。他们和早先参加西班牙内战的 1 万名战友一起游行通过勃兰登堡门，欢庆胜利。戈林考验了他的空军，觉得它不负众望。他的新型飞机和其他国家的飞机性能一样优秀。飞行员在激战中磨炼了技术，指挥员学到几条重要经验：认识到高强度轰炸在前沿产生的毁灭效果，空军和地面部队需要密切配合。

现在，希特勒手中有了经过验证的战术，久经沙场的部队，性能先进的武器。6 年多前他刚就任时，国家经济萧条，军事力量单薄，实力不及最弱的邻国。几个月后，希特勒将把帝国推向一场征服战争，尽管军队和整个国家还没有完全做好准备，革新派的工业家和战术理论家信心十足地认为，德国的弱势在战争初期不会显露出来。9 月 1 日，在西班牙练就一身胆略和技术的飞行员和坦克指挥员将入侵波兰，在战斗中密切配合，实现他们所谓的"德国闪电战的奇迹"。

秃鹰
的空战

正如以下几页将要展示的，在西班牙内战中，纳粹空军的J/88战斗机大队无疑是秃鹰军团中最为重要的角色。如果将这个战斗机大队的战绩公开的话，它的飞行员们恐怕可以骄傲地宣称自己是整个德国的英雄。但是，该大队的战绩——事实上是所有"秃鹰军团"的战绩——到整个战争即将结束时还处于保密状态。

该项计划进行得十分隐秘，以致当第一批纳粹空军志愿者被运到西班牙时，连他们自己的飞行员对此都一无所知。"我们只注意到一个同事突然消失了，"一位军官回忆道，"然而6个月后他却晒得黝黑、士气高昂地回来了。他自己购买了一辆新车，并非常保密地给密友讲述西班牙的英勇事迹。"

这些极富魅力的传奇——加上参战将获得的奖金和军衔提升——吸引了许多德国最有前途的年轻飞行员去协助佛朗哥的叛乱集团，而他们对事情的是非曲直并不关心。然而，那些梦想开车兜风的年轻飞行员来到西班牙后不久便失去了幻想。从早上第一次紧急出动（左图）直至晚上回到宿舍倒头便睡，他可能已经飞行了10个架次。在寒冬，他们几乎冻僵在He 51型飞机敞开的座舱里。回到基地时，他们都已经全身麻木，不得不被人抬出飞机，并对四肢进行按摩直至恢复知觉。在酷暑，中队队长阿道夫·加兰德回忆道："我们简直是坐在浴缸里驾驶飞机。当我们飞完一个架次返回时，更像是煤矿工人：全身淌着大汗，满脸尽是油污，被硝烟熏得漆黑。"

尽管如此艰苦，这些飞行员们由此获得的经历却是无价之宝。那些在恶劣天气下——包括敌人的高射炮火和机枪的射击——生存下来的人们回到德国后成了纳粹空军部队的中坚力量。他们能够熟练地驾驶世界上速度最快、机动性最高的战斗机，这一技能将在一次更大规模的战争中派上用处。

图为德国王牌飞行员哈罗·哈德和他的同伴，苏格兰后裔道格拉斯·皮特凯恩（左）在一起。哈德无视禁止在"秃鹰军团"的飞机上涂有德国标志的禁令，为他的He 51型飞机（下图）画上了纳粹徽标。在西班牙，他驾驶He 51击落1架飞机，驾驶Me 109击落10架飞机。

1936年9月，一架He 51型飞机在西班牙的维多利亚坠毁，飞行员埃伯哈德·赫弗特丧生。图为被烈火吞噬的飞机。赫弗特在任务即将结束时试图做一个特技动作，但发动机却突然停转。他因此成为J/88成员在执行任务中丧生的第一人。

发挥老式双翼飞机的最大作用

起初，参加西班牙内战的德国飞行大队装备的都是 He 51型战斗机（左图），苏联最好的战斗机无论在火力和机动性上都能轻易将它们超过。德国飞行员哈罗·哈德在他1936年的日记中这样写道："考虑到我们在技术上处于劣势，英勇无畏是毫无意义的。""秃鹰军团"的指挥官雨果·斯比埃尔忧虑地报告说，在战斗中，He 51型战斗机中队不仅不能为德国轰炸机实施护航任务，相反，它们经常不得不"去寻求轰炸机机枪的庇护"。

然而，当轻巧的Me 109型战斗机开始执行护航任务，He 51型飞机改而转入对地支援时，局势发生了极大逆转。起初，对于He 51型飞机的飞行员而言，这种改变充满危险：他们往往驾驶飞机以过低的高度接近目标，以至于飞机被他们投放的炸弹的碎片击中。可是，一旦飞行员们熟悉了新角色，他们不禁对这种老的双翼飞机产生了一丝好感。1938年，阿道夫·加兰德回到德国，他已经驾驶那架He 51型飞机出动共300多架次。此时，他却发现自己与那架弹痕累累的飞机难舍难分。"它已经接受了战火的洗礼，虽然被红军的高射炮火打得千疮百孔，但每次都能把我平安地带回。"

215

驾驭易变的梅塞施米特

　　1937年，梅塞施米特飞机的到来使德国空军控制了西班牙的天空。这种Me 109型飞机机身线条流畅，采用的是密封座舱和水冷式发动机。它的最大飞行高度为3万英尺，最高时速接近300英里，超过了任何一个对手。

　　但是Me 109型飞机的发动机不是很稳定，时而出现问题，并且狭小的起落架使人难以操纵(下图)。尽管如此，德国的王牌飞行员们，如瓦尔纳·默德尔斯(飞机对面)，却没有被吓倒。1938年7月25日，他带领飞行中队的27架梅塞施米特战斗机与40架苏联战斗机进行了一场空中搏斗。在日记中他这样写道："今天是一个伟大的日子。所有的梅式飞机都进行了一场空中特技表演，我们一次次地冲进敌人的蜂窝。"苏联人的确感到了刺痛，他们损失了4架飞机，而德国飞行中队的飞机全都完好无损地着陆——这种战斗结果对于佛朗哥的对手来说已经习以为常。

瓦尔纳·默德尔斯（右，机舱前）正与一位机组人员交谈，他正准备为默德尔斯的 Me 109 型飞机机翼上的机枪装填弹药。在短短 4 个月内，默德尔斯赢得了 14 场空战的胜利，创下了该战斗机大队的纪录。不久之后，一位新飞行员驾驶同一架梅塞施米特飞机将这一纪录增加到 15 次，在机尾的战绩牌上又添上了一道杠（左上图）。

地勤人员正在检查一架底朝天的 Me 109 型飞机。该飞机在西班牙北部的阿拉戴尔雷着陆时发生翻滚，飞行员雷因哈德·赛勒死里逃生，只负了点轻伤，痊愈后又击落了 9 架敌机。

跨越语言和
文化的阻隔

　　由于受载油量所限，德国战斗机每次飞行时间为2小时，因此J/88大队的飞行员平均每天的飞行架次为3次，这还需依靠机械师迅速地为飞机进行修理、加油和重新装载武器。大部分机械师对飞机都十分熟悉，因为当飞机部件用木箱从德国运来后，是他们将其重新装配。每当闲暇时，地勤人员就会和飞行员一起改进飞机、试验一些新的装置，如右图的燃烧弹。

　　由于许多机械师是西班牙人，所以他们之间的交流发生了问题。为了解决语言障碍，一些德国人求助于旅游手册上的日常用语，另一些人重新拣起了中学时学过的拉丁语。由于佛朗哥要求所有西班牙人尽可能地到教堂做礼拜，所以这使飞行员在安息日修理装备时得不到机械师的帮助。但尽管如此，飞行员依然很尊重他们，并想出一些表达谢意的方式：那些击落了敌机的飞行员会得到一箱德国啤酒的奖赏，他们会立即拿去和那些保障飞行的机械师分享。

　　"礼帽"中队的机组人员正在校对一架Me 109型飞机（上图）的瞄准镜，该机的尾部已经抬高以便机载武器能够进行水平瞄准。机枪是战斗机的首要武器，一个拥有9架飞机的中队每天消耗约25000发子弹，因此机枪需要经常性的维护保养（左图）。He 51型飞机也可同时作为轰炸机使用。机械师为其副油箱（右图）设计出了极具杀伤力的装置，他们将两枚小型破碎弹系在副油箱上。这样，当油箱被投放至目标上空时，燃烧着的汽油将向四处炸开。

俯冲轰炸机
可怕的登场

低空轰炸的成功使战斗机大队在 1938 年 1 月开始执行一项特殊的任务：试验一种将载入史册的强大战机——Ju-87 型俯冲式轰炸机，又被人称为"施图卡"。

1938 年末，德国的轰炸机大队将拥有自己的施图卡，但由第一批 3 架施图卡组成的飞行中队却交给了经验丰富的战斗机飞行员。他们的标志是一只德国的幸运图案——小猪，他们取名叫"约兰特"（右上）。施图卡的目标包括难以击中的桥梁和交叉路口（右图）。飞行员像一只捕食的猛禽，先是高

空接近，之后便带着尖声长鸣呼啸而下，直扑目标，使地面的防御军队不寒而栗。

"小约兰特"中队圆满地完成了几次试探型轰炸任务。之后，1939 年德国兵工厂生产了 557 架施图卡式轰炸机。

在这张由火炮瞄准手拍摄的照片中，施图卡式轰炸机的飞行员正在西班牙上空对准目标（左）急剧地俯冲投弹。施图卡式轰炸机（下图）装有640马力的发动机，可乘坐2名机组人员，装载重达550磅的炸弹，或者装载1名飞行员和1100磅炸弹。

（下）俯冲式轰炸机使飞行员能够迎头接近目标，并对其进行前所未有的精确打击。1938年3月，一架施图卡式轰炸机对阿尔卡拉德的交叉路口进行的打击近乎完美。

图中的一条公路仍在开放使用，而另一条公路的交通却一直瘫痪，直到工人们在弹坑周围清理出一条小路才得以开通。

　　战斗机中队的飞行员们在赛尼亚附近的机场上放松休息，桌上尚未开启的香槟意味着一天的战斗已圆满完成。在西班牙内战结束时，所有 J/88 成员都有理由为自己庆祝：这个大队共击落敌机 313 架，而只损失了 26 名飞行员。

图书在版编目 (CIP) 数据

铁拳 / 美国时代生活编辑部编；刘晓丽，肖欢译
. –– 修订本 . –– 海口：海南出版社，2015.1（2022.6 重印）
（第三帝国）
书名原文：The third reich:fists of steel
ISBN 978-7-5443-5808-8

Ⅰ . ①铁… Ⅱ . ①美… ②刘… ③肖… Ⅲ . ①德意志
第三帝国 – 史料 Ⅳ . ① K516.44

中国版本图书馆 CIP 数据核字 (2014) 第 271407 号

第三帝国：铁拳（修订本）

DISAN DIGUO: TIEQUAN (XIUDING BEN)

作　　者：美国时代生活编辑部
译　　者：刘晓丽　肖　欢
选题策划：李继勇
责任编辑：张　雪
责任印制：杨　程
印刷装订：北京兰星球彩色印刷有限公司
读者服务：唐雪飞
出版发行：海南出版社
总社地址：海口市金盘开发区建设三横路 2 号
邮　　编：570216
北京地址：北京市朝阳区黄厂路 3 号院 7 号楼 102 室
电　　话：0898-66812392　010-87336670
电子邮箱：hnbook@263.net
经　　销：全国新华书店经销
版　　次：2015 年 1 月第 1 版
印　　次：2022 年 6 月第 2 次印刷
开　　本：787mm×1092mm　　1/16
印　　张：14.25
字　　数：180 千
书　　号：ISBN 978-7-5443-5808-8
定　　价：45.00 元